CW01510932

DIARIO DE UNA MOSCA DE PUEBLO

ÓSCAR MARTÍN MELÉNDEZ

A Leopoldo

DÍA PRIMERO

Hoy, cuando nací, hacía un calor espantoso. Debían de ser cerca de las tres de la tarde, porque al poco de comenzar a vivir escuché los tres tañidos de la campana del reloj de la iglesia del pueblo. Y menudo susto que me llevé. ¡Qué manera de sonar los tres aldabonazos del demonio! Y eso que del lugar donde nací al campanario de la torre había por lo menos medio minuto zumbando de distancia.

Oye, nací, estiré las alas e hice lo primero que mi madre me dejó grabado en el subconsciente: "no te quedes parada ni un segundo, que aquí la espabilada lo tiene en chino, así que las demás ni te cuento. Tú échate a volar y ponte ya mismo a buscar comida para hinchar el buche". Y, teniéndome por una hija obediente y aplicada, me eché a volar al instante de nacer en busca de trágala.

Como todo era nuevo, me daba igual por dónde tirar, aunque he de reconocer que el paisaje que percibí de inmediato a mi alrededor me gustó bastante. Era lo que se dice un corral de pueblo al uso. Creo que lo mejor es que lo describa de dos zumbas: cuatro tapias regulares de adobe, de unos diez metros de largo por dos de alto cada una, con una hermosa trasera pintada de rojo en una de ellas; piso de tierra endurecida, color ocre, aunque cuarteado en costras allá donde seguramente hubo charcos mucho antes de nacer yo, bien salpimentado de piedras y chinas de diversos tamaños por todas partes; hierbajos varios fundamentalmente junto a las tapias, con más de un cardo bien lucido de los que meten miedo; un carro del año la pana, todo desvencijado y con los herrajes completamente oxidados; unas cuantas artesas con macetas de flores, geranios casi todas, desperdigadas aquí y allá sin gusto ni criterio; algunos cubos y hasta barreños, a más de latas vacías amontonadas por ahí; y en una esquina, acotada con una malla metálica, un hermoso gallinero con la puerta abierta. Eso era más o menos lo que daba de sí mi patria chica.

—A fe mía que esto pinta bien —me dije, muy contenta—. Ya estoy deseando llegar al palo del gallinero.

Las gallinas andaban por todo el corral, a su aire, picoteando sobras de comida que les había echado el dueño; un tipo, por cierto, al que me encontré sentando en una silla, en la zona de sombra del corral. Estaba limpiando cabezas de ajo con una concentración tal que parecía que estuviera estudiando oposiciones. Tenía un olor a sudor tan atrayente que estuve a punto de acercarme a él a darle la murga un rato. Pero como ya he dicho, lo primero era hacer lo que me dijo mi madre, así que tan pronto divisé algo de comer, me lancé derecha a por ello. ¿Que qué era? Pues un cacho de melón, o de cáscara de melón, quiero decir. ¡Qué rico el melón, oye! Para ser el primer alimento de mi vida me pareció mucho mejor que la leche materna o las yemas de Santa Teresa, cosas que aún no he probado pero que menciono por la mucha fama que tienen.

Y comiendo néctar de melón estaba cuando conocí a mis dos primeras congéneres. No voy a decir amigas porque con una no crucé ni dos palabras y con la otra, aunque hablamos durante unos segundos del tipo de los ajos y su olor atrayente, lo cierto es que en un decir Jesús me dijo adiós, yo le dije hasta luego, ella emprendió el vuelo y cuando aún me estaba despidiendo agitando una pata, llegó un gorrión a toda pastilla y se la tragó como si nada, el muy ñogón.

—¡Uf! —le dije a la otra que conmigo estaba— ¿Has visto eso? Casi me da un vuelco el corazón. Aquí una amiga dura menos que un caramelo en la puerta de un colegio.

—Así es la vida —me dijo con indiferencia— ¿Por qué te crees que ponemos dos mil huevos? —Pero, de pronto, levantó la cabeza y gritó con los ojos como platos—: ¡Que viene una gallina!

Y salió pitando a una velocidad que yo todavía no tengo, porque aún soy pequeñita. Pero menos mal que me avisó porque la gallina venía hacia mí por la espalda. Así que nada, dejé aquella ricura de melón y me eché a volar de esa manera tan peculiar que tenemos las moscas, mezcla de samba y párkinson, con la que casi siempre logramos evitar que nos atrapen. Inmediatamente me fui a la zona del corral donde daba la sombra y en cuanto me cansé, me posé en el asa de una de las artesas y me dediqué por primera vez a limpiarme los ojos, la cara, las alas y demás; que para eso me dejó grabado mi madre en el subconsciente lo importante que es la limpieza en una mosca: "te me limpias a todas horas todita, toda, hija mía. Sobre todo los ojos y las alas; y frótate bien una pata contra la otra; y hasta que no te veas limpia del todo no pares; que no hay nada peor que una mosca guarra".

No es que mi madre me lo dijera exactamente así, pero a ver, así se me ha quedado grabado en la mollera, y me parece incluso oír su vocecilla metálica y severa, aunque esto no es más que una figuración, porque vaya usted a saber la voz que tenía mi madre, si es que tenía voz.

En fin, que una vez limpita, caminé un poco, para variar, y me di cuenta de que nunca había caminado nada. Así, de pronto, lo de caminar, me pareció una tontería, lo que me llevó a hacer la primera reflexión de mi vida: "pudiendo volar, mira que es tontería andar". Es verdad que a veces, cuando se trata de avanzar distancias muy cortas, no merece la pena el esfuerzo de batir las alas. Pero vamos, si tuviera que ir caminando a todas partes me daría un patatús. Además, ¡con lo bonito que es verlo todo desde el aire! Pegada al piso no ve una ni lo que tiene delante de la trompetilla.

Total, que me puse en un sitio desde donde podía ver bastante bien al hombre que estaba pelando las cabezas de ajo. Era un señor de mediana edad, con pintas bastantes desaliñadas. Tenía la tez curtida, arrugas en la frente como surcos de grandes, una nariz muy gorda y, como tenía la boca abierta, se le veían unos buenos dientes de conejo. Era todo él bastante grueso y estaba desnudo de cintura para arriba, exhibiendo unas lorzas considerables y una pelambrera en los sobacos espectacular. El sudor le hacía brillar en todo su esplendor. En definitiva, era alguien al que se acercaría una mosca sin pensárselo dos veces. Así que sin pensármelo ni una despegué de la artesa y me puse a dar vueltas a su alrededor. Cuando vi el momento propicio, me posé en su espalda y empecé a darle una chupadita sabrosona. De pronto, apareció su hijo, cosa que sé porque le llamó "papa", pidiéndole que le dejara la moto. El padre se volvió con brusquedad, lo que hizo que yo me largara volando de allí, por si acaso. Pero me quedé viendo la escena, a ver qué pasaba.

—Ay, déjame la moto, papa —decía el hijo.

—No me da la gana, que me la estropeas —respondió el padre.

—Que me la dejes, te digo —insistía el hijo.

—Que no me da la gana —insistía el padre.

—Mira que sé dónde están las llaves y te la quito —persistía el hijo.

—A que te estampo los dientes contra esa artesa —le amenazó el padre.

En ese momento apareció una señora, que creo que es la madre del chico y la mujer del padre, gorda ella y vestida con bata de invierno, lo que en pleno verano me parece temeridad (luego si se muere dirá la gente que ha sido por el cambio climático), que se puso a interceder en favor de su hijo.

—Anda, Antonio, déjale la moto al chico; que ya tiene edad de pasear con la moto —decía la señora.

—Tú métete en casa, que me estás dando un calor con esa bata que da grima verte —le dijo el señor.

Y entonces apareció una chica, de unos veinte años, delgada como un palo, con un moño grande en la cabeza, lleno de horquillas, unas mallas infames de color fucsia y un top indecente hasta para una mosca, y se puso también de parte del chico.

—Ay, papa, déjale la moto al Kevin; que si no la usa no aprende —decía la hija.

—Tú cállate, que nadie te ha dado vela en este entierro— dijo el padre.

—Pues tiene razón la Shanon —arremetía la señora—. Tendrá que cogerla para aprender, digo yo.

Tanto insistieron entre unos y otros, que el papa, o sea, el señor Antonio, les mandó a todos a tomar por saco, no obstante lo cual, siguieron dándole la brasa hasta que acabó por ceder.

—Pero como te cargues la moto te doy un sopapo que te estampo y te hago tragar todas las moscas del corral —le advirtió con ojos feroces.

Yo, por supuesto, me di inmediatamente por aludida, así que puse pies en polvorosa y me fui de lo que ya consideraba mi casa, con ánimo de dar una vuelta por el pueblo y la sana intención de volver por la noche a dormir con la que consideraba ya mi familia adoptiva y que, en general, me había caído bastante simpática.

Salí volando por encima de la tapia del corral y me encontré en medio de una calle ancha, sin asfaltar, de casas todas muy bajas y donde hacía una solajera bestial. Como acababa de comer el melón sabía que no me iba a deshidratar a pesar de que ese solitrón te podía dejar más seca que la mojama en cuestión de minutos, pero busqué una sombra con ahínco aquí y allá, encontrándola en el alero de un tejado. Me posé. Era de uralita y quemaba como mil demonios, así que emprendí el vuelo otra vez y entonces vi la salvación a mi alcance. Una señora abrió una puerta, tiró fuera el agua sucia del cubo de fregar y cuando la cerró yo ya me había colado en su casa. ¡Qué felicidad! Todo estaba medio a oscuras y hacía fresquito allí dentro. Me puse a seguir a la señora sin disimulo alguno y entré con ella en el cuarto de estar. Olía a coliflor y se ve que acababa de comer, pues en la mesa camilla todavía estaban los platos con restos de puré de patata, huesos de pollo y la monda de un melocotón. La señora se sentó en un sillón orejero y puso la tele con el mando a distancia. ¡Menudo susto! La onda me pasó por el bajo vientre poniéndoseme todos los pelos de punta. Del soponcio me entraron ganas de posarme en cualquier parte, decidiéndome por la monda del melocotón. No estaba mala. Luego ataqué el hueso del pollo y finalmente me decidí por la cuchara con restos de puré. ¡Qué atracón me di, por el amor de Dios! La señora debía de estar medio sorda porque tenía la tele a un volumen altísimo. En la tele estaban dando el tiempo. Lo de siempre, vamos, calor, calor y más calor. Me entró un apretón. Me eché a volar hasta el cristal de una de las ventanas de la habitación y dejé allí una ristra de cagadas de la que me quedé más que orgullosa. Luego, ya bien aliviada, reparé en la señora. No era muy mayor, aunque los sesenta años no se los quitaba nadie. Estaba metida en carnes y tenía una delantera considerable, la cara de torta, bolsas tremendas bajo los ojos caídos, y la boca como fruncida. Tenía cara de mala. De pronto cogió el mando y apagó la tele. Dejó el mando sobre la mesa y cogió un abanico. Luego, mientras se abanicaba empezó a hablar sola.

—Anda que la hija de la Fermina, como la gusta pavonearse por ahí enseñando más de la cuenta. Pues si se cree que así va a pescar... Qué más quisiera la Fermina que su hija pescara a alguien como mi sobrino... Pues se lo voy a decir al cura nuevo... A ver qué le parece lo de la hija de la Fermina... Aunque este curilla, no sé..., no le acabo yo de coger el aire...

Luego hizo unos ruidos rarísimos con la boca y acabó por soltar un estornudo que lo hubiera firmado un ñu, lo que me hizo salir volando por puro instinto sin dirección alguna, tratando luego de relajarme dando vueltas sin orden ni concierto por el medio de la estancia, donde hacían lo mismo desde hacía un rato otras cinco o seis congéneres.

De pronto, soltó la señora el abanico, cogió un "Hola", lo enrolló, se levantó y se fue derecha hacia mí. Cuando me quise dar cuenta el "Hola" enrollado pasaba tan cerca de mi cabeza que me hizo perder el norte.

—Qué asco de moscas —dijo, avinagrando el gesto.

Todas nos pusimos a hacer lo mismo, o sea, volar mucho más deprisa de acá para allá. Es lo que nos sale de dentro, aunque yo no perdí de vista a la señora, que de pronto salió del cuarto de estar con muy malos humos. La seguí, entré con ella en la cocina y vi cómo sacaba un insecticida de debajo del fregadero. "La tía esta nos quiere fumigar", pensé de inmediato. Y así era. El caso es que no me dio tiempo a avisar a mis congéneres, pues a un paso ligerísimo para su corpulencia, se plantó en el cuarto de estar, cerrando la puerta y dejándome a mí fuera, en el pasillo. Luego fumigó con una saña que, de haberse quedado ella allí dentro, ella misma la hubiera palmado en cinco minutos. Pero no; fumigó y luego se salió corriendo del cuarto, dejando sin escapatoria alguna a media docena larga de congéneres que al poco rato hacían lo que yo llamo el "break dance premortem". Era triste contemplarlas desde el otro lado del cristal de la puerta del cuarto de estar sin poder hacer nada. Muy triste. En ese momento, un bicho malo de tipo espiritual se apoderó de mí y me juré vengarme de aquella escabechina.

—¡Esto no quedará así, repuñema! —grité, aunque nadie me oyera.

Luego estuve tres horas tranquilamente echándome la siesta en la bombilla de la cocina. De hecho me despertó la señora trajinando de acá para allá. Cuando vi que estaba vestida y que cogía el rosario me eché a volar rumbo a la puerta, deseosa de salir de aquella casa. "Mírala —pensé yo—, acaba de matar a media docena larga de mis congéneres y se va a misa como si nada, la muy genocida. Pero arrieritos somos…"

El caso es que no sé cómo me lié, pero lo cierto es que cuando me quise dar cuenta, la señora se había ido y yo me había quedado dentro de la casa. "Bueno —me dije—, ya volverá". Y volvió, pero como me pilló desprevenida, no me dio tiempo de salir a la calle. "Bueno —me dije otra vez—, ya abrirá una ventana o volverá a salir". Pero ni una cosa ni la otra. Así que nada, al final me he acomodado en la tapadera del cubo de la basura, que está llena de chorretones grasientos verdaderamente embriagadores, y me dispongo a pasar tranquilamente la noche. Un apunte más: tengo una caligrafía gótica apañadísima. Supongo que la habré heredado de alguna antepasada alemana. En fin, qué cosas tiene la genética.

DÍA SEGUNDO

Esta mañana he madrugado. La cosa es que ha empezado a entrar la luz por la ventana de la cocina prontísimo y me ha despertado. Lo primero que he hecho ha sido dirigirme a los chorretones grasientos y lamer un poco aquí y allá. Pero qué decepción. La grasa estaba dura y seca y ha sido como tomarse la sopa del pobre, que tiene poca sustancia y encima es salobre. Así que me he puesto a limpiarme para pasar el rato y hacer tiempo hasta que llegara la señora de la casa. Y anda que no se le pegan las sábanas ni nada a la tipa. Lo sé por el reloj de la cocina, en el que, por cierto, he dejado varias muescas dentro del número seis. Ha abierto la puerta de la cocina la tía a las once de la mañana, pillándome amodorrada en la puerta del frigorífico. Pero en cuanto ha sacado el azucarero, allí que me he ido derecha. Menos mal que las moscas no tenemos problemas con la glucosa. Luego, me he entregado a un papel de magdalena. Se ve que no era una magdalena casera porque sabía a E-112 que echaba para atrás. Bueno, al final la señora cogió el carro de la compra y salió de casa. Y a falta de algo mejor que hacer, me fui con ella a ver dónde iba. Como era hora de pájaros, en vez de volar y arriesgarme a que me tragara cualquier gorrión, decidí posarme en la chepa de la señora por parecerme más seguro. Por la abertura del vestido se le veían unas verrugas de mi tamaño. Me acerqué a una. La abracé. Estaba blandita. Luego me subí a ella. Era como estar en un hinchable. Cuando me quise dar cuenta, estaba con la señora dentro de una carnicería. Todo allí era muy cordial.

—Buenos días, Isa —le dijeron al alimón tres parroquianas que estaban sentadas en un banco a la espera de que les llegara el turno.

"Anda, mira, si se llama Isa la señora esta", pensé yo.

El carnicero y un señor mayor, al que en ese momento atendía el primero, también la saludaron muy simpáticos.

—Buenos días —dijo la Isa—. ¿Quién da la vez?

Luego se pusieron a hablar de sus cosas las cuatro señoras sentadas en el banco, mientras yo buscaba por dónde meterme en el arcón donde el carnicero exhibía una cantidad de carnes insultante, todas con una pinta estupenda. El olor de la carnicería era una bendición. No tardé en encontrar la forma de meterme en el arcón, pero casi en el acto me di cuenta de que allí dentro hacía un frío espantoso. No obstante, había unas costillas tan sugerentes que no me pude resistir. Y succionando estaba cuando pude ver con mis ojos múltiples que el señor me señalaba con el dedo, torciendo el gesto. Entonces el carnicero me espantó con la mano y me fui a otro lado, fuera del arcón. A la báscula, vaya.

—Iba a pedir costillas, pero mejor dame panceta —dijo el señor, que me había seguido con la mirada.

"Qué tío melindroso. Estoy segura de que ha cambiado de opinión por mi culpa", pensé al instante. Por el gesto del carnicero sé que le sentó mal el cambio de opinión del señor. Es que las costillas iban mucho más caras que la panceta. Entonces me reí por primera vez en mi vida. Resulta que una, en su pequeñez e insignificancia, puede influir en las decisiones humanas. De pronto, la señora Isa se levantó de sopetón.

—¡Uy! Si me he dejado el monedero en casa —dijo, dándose una palmada en la frente—. Voy corriendo a por él. Pero guardadme la vez, ¿eh?

Salió la señora Isa y yo me quedé quieta, en el cristal de la báscula, con cierta sensación de orfandad. ¡Si es que creo que soy una sentimental! Ya sé que ayer mismo la vi rociando con el insecticida a varias congéneres, pero es que de ayer a hoy en la vida de una mosca va un abismo. En fin, que pongo la antena, a ver qué dicen las señoras que siguen sentadas en el banco, y a los dos minutos me encuentro con que están despellejando viva a la señora Isa. Me sentó fatal, así que me eché a volar con ánimo de molestar todo lo que pudiera, sabedora de que esas tipejas eran demasiado torpes como para alcanzarme de algún manotazo. Y no será porque no lo intentaran. Sobre todo una, que apestaba a colonia. Debía de tener un desarreglo descomunal en la pituitaria. Al poco, entró otra vez la señora Isa. Ya añoraba su verruga y me fui como loca a por ella.

—Ay, Isa —le dijo una de la señoras—, ya te echábamos de menos. "Esa frase la firma Judas y se queda tan oreado", pensé yo. Se sentó Isa otra vez con las señoras y me eché a volar al instante, temerosa de que se apoyara contra la pared de la tienda y me aplastara. Es verdad que la verruga podría hacer de airbag, pero no lo tenía tan claro. Me fui a una ventana, que en estos casos suele ser lo más socorrido, y me puse a caminar por el cristal hasta que me cansé. Entre tanto, el señor seguía allí, comprando y comprando. Y luego una señora, y luego otra, y luego otra más. Y luego me dormí. Y cuando me desperté estaba yo sola con el carnicero en la tienda.

El carnicero era un hombre joven, grandote, calvo y de tez marrón oscura. Como nunca me había posado en una calva, me fui para allá al instante, picada por la curiosidad. Aterricé en la calva y pronto me empecé a sentir allí como una anacoreta en el desierto. El hombre silbaba y movía la cabeza de un lado a otro. Caminé casi hasta la frente para ver qué demonios hacía y vi que estaba contando dinero. Al tío le iba bien. ¡Anda que no había billetes de cincuenta ni nada! Volví a subir al epicentro de la calva, disfrutando de la sensualidad del meneo de la cabeza. Cerré los ojos, feliz, y me dejé ir. Pero de pronto me vi atrapada. Por tonta. Resulta que en un visto y no visto el carnicero se puso una gorra y allí dentro que me quedé. "Pues hale, —me dije—, vamos a ver adónde me lleva el carnicero".

Dentro de la gorra estuve aseándome un rato y embadurnándome con aceite sudoroso de calva de carnicero, calidad extra. No sé cuánto rato estuve sin poder salir, pero se me hizo eterno. Cuando por fin se quitó la gorra, eché a volar para hacerme idea de dónde estaba. Entonces me fijé en mí misma por primera vez. Quiero decir, estaba en un sitio donde había un espejo. Al instante, me posé sobre el cristal para verme mejor. Luego, me contoneé de varias formas, todas a cual más sexy, y hasta le hice morritos a mi propio reflejo. La sensación que tuve, la verdad, no pudo ser más satisfactoria.

—Me pongo un notable alto —dije, sin la menor modestia—. Y cuando sea adulta voy a estar cañón. Vamos, de sobresaliente "cum laude".

Luego me di una vuelta por la casa del carnicero, pareciéndome todo bastante horterilla, hasta que entré en la cocina, donde me topé con el susodicho y su parentela en plena comida. La parentela consistía en su mujer, que llevaba una camiseta de "Los Ramones" molona, y dos niñas pequeñajas. Las niñas eran dos comistrajas de mucho cuidado. Y eso que los filetes eran de ternera "de lo bueno lo mejor", que para eso su padre era el carnicero. Pero no había manera. Como el final se veía venir, yo esperaba pacientemente posada en el fluorescente. Y efectivamente, la madre acabó claudicando y apartó los platos con los filetes casi enteros, poniéndolos en la encimera, para dar paso al postre. Entonces me lancé como una loca sobre un cacho de filete. Creo que doblé mi tamaño de una sentada. ¡Cómo estaba el filete! Y más que hubiera comido si no es porque la tonta de la madre se percató de mi presencia y empezó a manotearme. Yo iba y venía, iba y venía, pero la madre insistía en manotearme mientras iba metiendo ya los cacharros en el lavavajillas. Al final, cansada de ir y venir, me posé en un imán de la nevera, de esos de Benidorm. Allí estaba cuando la señora dijo:

—Mañana voy a Valladolid. Me voy a sacar el billete de ida y vuelta en tren por internet.

El carnicero, que estaba leyendo el "Marca" mientras se tomaba un café, respondió con un gruñido indescifrable, sin mover un músculo. Y cuando salió de la cocina la señora, me eché a volar detrás de ella con cierta pesadez al principio pero sintiéndome más potente después. Mi madre me dejó grabado en el subconsciente que los reflejos había que ejercitarlos a la menor ocasión, aun a riesgo de encontrar la muerte, cosa que de todos modos me había de ocurrir varias veces al día, lo que no deja de ser un estrés. Total, que me fui con la señora a un cuarto donde tenía un ordenador. En cuanto lo encendió, empecé a volar por delante de la pantalla. Los manotazos no se hicieron esperar.

—Mierda de mosca —llegó a decir, la malhablada de ella.

"Pues ahora verás —me dije—. Esto te va a sacar de quicio". Tuve la osadía de posarme en el cristal de sus gafas. Les dio tal manotazo que las tiró al suelo. Yo entonces volé a ver si se habían roto. Desgraciadamente sólo se había torcido una patilla y la cosa tenía arreglo. Pero estaba histérica la señora, así que volví a la carga, dejándome ver por la pantalla y sus aledaños una y otra vez. Y vengan manotazos. Y vengan idas y venidas. No la dejé en paz hasta que me quedé sin fuerzas. Por fin, y estando yo posada en su pelo, pareció que había terminado de sacarse los billetes. Pero entonces gritó la señora un taco gruesísimo. El carnicero entró sobresaltado en el cuarto y le preguntó que qué pasaba.

—¡Por culpa de una mosca de los coj…. me he sacado dos veces el billete de ida en vez de uno de ida y vuelta! ¡Y ya los he pagado! —gritó la señora.

—¡No me jo…! —gritó a su vez el carnicero, estupefacto— ¿Por una maldita mosca?

—Ja —dije yo, aunque no me oyó ninguno, claro está—. De maldita nada, guapos. Hala, ahí os quedáis.

Y como la ventana del cuarto estaba abierta por la batiente, salí pitando de allí.

Qué satisfacción sentía. Qué frenesí. Y qué impacto fue ver que a un moscardón que volaba a mi lado en medio de la calle se lo tragaba un gorrión. Entonces me di cuenta de las ventajas que tenía seguir siendo pequeñita. Incluso se me ocurrió pensar que igual era mejor comer poco y quedarme como el espíritu de la golosina. Pero no. De hecho, mientras volaba sin rumbo fijo me vino a la cabeza la segunda reflexión de mi vida: "Una mosca no se cansa nunca de comer y come lo que le da la gana, lo cual es una suerte". Por lo que me ha dejado grabado mi madre en el subconsciente, sé que los humanos tienen problemas gordísimos con la comida. Unos porque no tienen qué comer, estando delgados como palos y carentes de los nutrientes más elementales. Otros, en cambio, porque comen demasiado, poniéndose gordos como ellos solos, de modo que parecen escarabajos peloteros. Además, se hacen análisis de sangre y averiguan que hay montones de cosas que si no las dejan de comer les pueden hasta matar. A nosotras, en cambio, todo nos sienta bien. Sea lo que sea, incluso la mierda. Mejor dicho, sobre todo la mierda. Así que, si la mierda te sienta bien, ¿cómo no te ha de sentar bien lo demás? Y en esas estaba cuando me llegó el maravilloso olor procedente de un establo. Metí entonces la directa y en cuestión de segundos me vi en algo parecido a lo que debe de ser el paraíso. Había una vaca hermosísima dentro del establo... y una peste a vaca... y unas boñigas... Había además una legión de congéneres, que no daban abasto de tantas posibilidades como había para escoger. No sabiendo por dónde empezar, le pregunté a una con pinta de veterana.

—Te recomiendo el circuito básico —me dijo—. Empiezas por las boñigas. Cuando tengas el estómago a rebosar te echas una siestecita. ¡Pero en los postes —me aleccionó—, no en las paredes; que están llenas de telarañas! Luego ejercitas reflejos con el rabo de la vaca y luego con la lengua, paseándote por los morros. Después te vas al cubo del ordeño, que está lleno de restos de leche exquisita donde la haya y, finalmente, te metes en la casa del lechero por aquella puerta —me señaló una puerta de dos hojas, que tenía abierta la hoja superior—. Allí se está fresco y se puede pasar la noche tranquilamente. El lechero es un hombre muy pacífico, que vive en plena comunión con nosotras. Como no hace atisbo de matarnos en ningún momento, le dejamos en paz.

Pareciéndome una buena recomendación, le hice caso a la colega y comencé el circuito básico por donde me había dicho. Entonces descubrí la boñiga, ese manjar celestial. Ese bocado de los dioses cuya fama se remonta a la noche de los tiempos. "Busca la boñiga, hija. Búscala tenazmente —me dejó mi madre grabado en el subconsciente—. El sentido de la vida de una mosca digna pasa por una buena boñiga. Nunca lo olvides". Y qué idilio mantuve con la boñiga. Y qué manera de sentirme realizada. No tengo más que un par de días, pero después de haber conocido la boñiga creo que la vida no da para más.

Cuando me cansé de succionar boñiga, me miré el cuerpo y me pareció que había vuelto a doblar mi tamaño. Intenté entonces echarme a volar, pero el atracón que me había pegado era tan grande que no pude. Al final, tuve que echarme la siesta en la boñiga. Soñé entonces que estaba en el cielo. Cuando me desperté, creí que seguía soñando. ¡Se estaba tan bien en la boñiga! Qué embriaguez. Sin embargo, pronto me di cuenta de que estaba sola. La vaca no estaba y se ve que todas las moscas se habían ido con ella. Tampoco estaba el cubo, así que me quedé sin completar el circuito. Como aquella soledad me dio un poco de miedo, me metí en la casa del lechero y me acomodé en una hoja de un calendario. Me apetecía seguir durmiendo. Luego, cuando llegó el lechero, cerró la hoja superior de la puerta echándole un cerrojo más antiguo que Matusalén. El chirrido me despertó. Y el estómago se me despertó a su vez. Seguí entonces al lechero y constaté lo que me dijo mi colega. Ese tío nos respeta. Resulta que se hizo una tortilla a la francesa y mientras se la comía, nos dejaba a mí y a otras tres o cuatro hacer lo propio con ella. Eso se llama generosidad interespecies. De hecho se comió a una de mis congéneres, a la que le pudo el ansia de no despegarse de la tortilla, como si nada. Después de aquello, me fui con el lechero a ver la tele. Echaban "Terminator", que me ha gustado bastante. Y bueno, me he venido a una cortina a dormir. A ver qué nos depara mañana.

20

DÍA TERCERO

Hoy he madrugado muchísimo. Resulta que estaba plácidamente dormida cuando me despertó el motor de un coche, que se detuvo a un par de metros de donde estaba. De un saltito me posé en el cristal de la ventana para ver quién era. En la furgoneta, porque era la típica furgoneta cirila, ponía "Panadería Jimeno". El conductor salió de la furgoneta, abrió las puertas traseras y se puso a meter sacos de harina en la casa de enfrente. Como la ventana estaba entreabierta, salí y me metí en la casa del panadero. Anduve por allí un rato, de la ceca a la meca, hasta que me cansé, posándome donde mejor me pareció. El panadero era un chico joven, que no hacía más que silbar una cancioncilla muy alegre. Cuando terminó de meter sacos en la casa, cerró la puerta y pasó a un cuarto lleno de estantes con ruedas y bandejas. Al poco rato, el panadero estaba con las manos en la masa y yo con las patas en la masa. ¡Hombre, prefiero un millón de veces la boñiga!, pero bueno, tenía el típico hambre que te da de madrugada y en tales circunstancias todo vale. Total, que andaba yo chupa que te chupa, cuando sentí una especie de temblor bajo mis pies. Como estaba en el lateral de una barra de riche, oculta a los ojos del panadero, me pareció lo mejor quedarme quieta. Craso error. Menos mal que había por allí otra mosca, que me dio una voz:

—¡Vete de ahí, loca; que vas derecha al horno!

Eché a volar ipso facto, porque si me espero un segundo más no lo cuento. De hecho, luego, cuando fui a darle las gracias a la congénere, me dijo que en los ocho días que llevaba viviendo en casa del panadero había visto lo menos dos docenas de moscas metiéndose a lo tonto en el horno, del que ya no salían jamás.

—¿Y tú como es que llevas ocho días viviendo aquí? —le pregunté—. Hay sitios mucho mejores, ¿no?

—Es que me pirro por los bollos de aceite —me explicó, cayéndosele la babita.

—¿Y no prefieres el establo del lechero, con sus tremendas boñigas? —volví a preguntarle, muy extrañada.

—¿Boñigas? —torció el morro— ¡Qué vulgaridad!

Me miró entonces como con aire de superioridad nobiliaria y se echó a volar. El caso es que me dejó con la curiosidad de probar los bollos de aceite, así que decidí quedarme en la casa del panadero hasta probarlos, acomodándome en una estantería del cuarto donde despachaba, a la espera de que los pusiera en algún sitio. No sé cuánto tiempo pasé allí porque me quedé dormida. Cuando me desperté, ya era de día y el panadero estaba atendiendo a la clientela. Eché entonces a volar en busca de una visual del género a la venta y no tardé en toparme con la mosca que me había salvado la vida, posada ella sobre un bollo de aceite. Hice entonces por posarme en la misma bandeja para probarlos pero me pegó un grito inmisericorde:

—¡Ni se te ocurra posarte aquí! ¡Los bollos de aceite son míos! Además, una mosca puede pasar desapercibida, pero dos es imposible. ¡Venga, lárgate!

Cómo se puso; qué modales. Pues nada, que me tuve que largar para tener la fiesta en paz, aunque no tardé en divisar una bandeja con trenzas bien preñadas de crema pastelera que te entraban por los ojos. Al poco de estar untando el morro me di cuenta de que soy una golosona. Ya me pareció que el azúcar estaba rica, pero anda que la crema pastelera…

En el momento en que estaba dale que te chupo, entró en la panadería una señora joven, con bermudas, camisetilla, tatuajes chorras y tal, que compró unas barras de pan, aprovechando para contarle muy cordialmente al panadero que se iban toda la familia a Asturias.

—¡Qué suerte, Asturias! —le dijo el panadero, con unos ojos que se notaba a una legua que se cambiaría por ella allí mismo—. Con lo bueno que hace siempre en Asturias.

—Uy, ya lo creo. Si como en Asturias no se está en ninguna parte —se regodeaba ella maltratándolo psíquicamente—. De lo que se trata es de huir del calor. Además, vamos a una casa rural que está en un entorno idílico. Imagínate, prados verdes por todas partes, vacas con sus cencerros y todo eso. Además la playa no queda ni a media hora.

Yo miré entonces al pandero y me pareció como que se le derretía la cara a medida que la otra le inoculaba aquella dosis de envidia.

—Pues yo hasta septiembre no puedo ir a ningún sitio—hizo un gesto mohíno el hombre.

La mujer afectó compadecerse de él, aunque creo que no le dio ninguna pena. Pero lo trascendente de todo aquello fue que a mí se me quedaron impregnadas en las meninges unas ganas locas de ir a Asturias.

—Oh, Asturias —pensé en voz alta—. Eso tiene que ser el paraíso terrenal. Sin estos calores sofocantes y con todas esas vacas con sus correspondientes boñigas. Y ver la playa… aunque no tengo ni idea de lo que pueda ser la playa.

Entonces se me encendió la bombilla. "A lo mejor me puedo unir a la familia que se va a Asturias como un miembro más y marcharme con ella para allá —me dije—. Total, todo será que vayan en coche y no tenga más que meterme y acomodarme en algún lugar discreto". Y me decidí al instante. Salí de la panadería con la señora por delante y un deseo horroroso de estar ya en Asturias; que a fin de cuentas ya iba por mi tercer día de vida y bien me merecía unas buenas vacaciones en Asturias.

El caso es que cuando llegué a la casa de la señora, me dio por pensar que a lo mejor Asturias estaba demasiado lejos y me entró un poco de aprensión. "¿Y dónde estará Asturias?", pensé.

En la casa de la señora todo era un puro zafarrancho de combate. Había un hombre rubicundo, que digo yo que será su marido porque los dos llevan alianza, con barba y bigote, joven él, muy arregladito con un polo de marca carorra, atareado en sacar prendas del armario y ponerlas sobre la cama de matrimonio. Se notaba a la legua que era de esos que lo saca todo y luego deja que sea la parienta la que decida qué meter finalmente en la maleta, cosa que también quedaría en manos de la parienta, claro. Luego había tres niños, que no dudo que en la calle puedan parecer educados, pero allí, en su salsa, se dedicaban a incordiar a su madre con bobadas.

La madre, o sea, la que había ido a por el pan, tampoco en realidad les hacía el menor caso, dedicándose a espantarlos como me podría espantar a mí. De todos modos estaba bastante histérica haciendo las maletas. Y como eran muchas maletas y muchas cosas las que meter en ellas, volví a la carga con eso de pensar que quizás Asturias cayera verdaderamente lejos. "Definitivamente tengo que enterarme de cuán lejos está Asturias", me dije. Entonces se me cruzó por delante un moscardón gordo como él solo y con pinta de completar de una tacada el "Pasapalabra" y volé tras él para preguntárselo, aunque no pude hacerlo hasta que se estrelló contra el cristal de rigor y se quedó como atontolinado sobre el radiador que había debajo.

—¡Y yo qué sé dónde está Asturias! —me espetó, con voz ronquísima—. Vete a la gasolinera de la entrada del pueblo, que allí hay un mapa de España con relieve y todo, y te enteras.

Dicho y hecho. Salí volando a la calle, y preguntando aquí y allá, no tardé en dar con la gasolinera, que olía a gasoil que echaba para atrás. No sé cómo puede haber gente que trabaje en esos lugares, ni moscas que vuelen por allí; aunque las moscas estamos en todas partes y a todo se acostumbra una. Me metí, pues, en la tienda de la gasolinera, cutre con laureles, y lo primero que hice fue pegarme una panzada aprovechando una mancha pegajosa de Coca-cola que había nada más entrar, para reponer fuerzas. Luego, no tardé en encontrar el mapa de España, que estaba detrás de una señora que atendía en la caja. Bueno, atender es un decir, porque allí no había nadie en ese momento. Luego, me posé encima de la caja registradora, desde donde tenía una vista estupenda del mapa y me puse a examinarlo con atención, mientras me limpiaba y requetelimpiaba. El mapa era de cuando Franco inauguró su primer pantano, o eso me pareció, porque estaba arrugado, raído, amarillento, agrietado y en una esquina ponía "Gráficas Masferrer. 1957". No obstante lo cual, divisé Asturias en un santiamén.

—Estupendo —me dije—, ahora solo falta localizar el pueblo de una servidora.

Ahí estuvo el problema. El pueblo no aparecía por ningún sitio, y eso que me trillé Castilla La Vieja de cabo a rabo. Al fin llegué a la conclusión de que era demasiado pequeño como para que apareciera. Luego me acordé de que la mujer del lechero había dicho que iba a coger billete de tren para Valladolid y pensé que hacer el cálculo desde Valladolid sería una solución razonable. En el mapa ponía que la escala era 1: 5.000 m., así que me posé en Valladolid e hice el trayecto hasta Gijón, pasando por León, a patitas. El resultado fue que había 275 kilómetros. Y así, de pronto, no me pareció tanto. Sobre todo cuando hice el trayecto desde Gijón hasta Almería, también a patitas, y vi que había 1.014 kilómetros.

—Si en comparación está aquí al lado —me puse toda contenta.

Después escuché un estruendo que casi me deja sorda. Resulta que la cajera de la gasolinera acababa de estampar su chancla contra el mapa en un intento odioso de asesinarme. Menos mal que marró, porque si no me quedo en Almería para los restos. Aparte de marrar, aplastó la cordillera Penibética, dejando el mapa más zarrapastroso todavía. Y como ya he empezado a cogerle el gusto a eso de provocar, me posé en la chancla de la cajera durante un instante, no sirviéndole de nada su intento torporrón de cogerme al vuelo con una mano. Luego me persiguió chancla en mano por toda la tienda hasta que pisó la mancha pegajosa de Coca-cola, deteniéndose en el acto y soltando un taco regular. Qué risa, tía Felisa. Y eso, que salí pitando de allí rumbo a la casa de los que se iban a Asturias, sin detenerme nada más que para avituallarme con unas cagadas de ovejas del día anterior, duras pero aún aprovechables. Luego me entró el sopor y estuve quieta, a la sombra de una morera, ni lo sé de tiempo. Cuando llegué a mi destino, el hombre rubicundo se afanaba metiendo maletas, bolsas y mochilas al tutiplén en el monovolumen. Los niños incordiaban a su alrededor tanto como lo podría hacer yo, o más.

—Bueno —dije por lo bajinis—, estos no creo que tarden en salir. Me voy a colocar en un lugar estratégico para meterme en el crítico momento.

Es que mi madre me dejó bien grabado en el subconsciente que había que meterse en los vehículos en el crítico momento porque si te metías muy pronto te podían ver y te intentarían echar de todas, todas. Al parecer los humanos detestan la presencia de moscas cuando están en el coche como si fuéramos el mismísimo demonio. Total, que me pareció un buen sitio para esperar un barrote de hierro de los muchos que tenía la reja de la ventana del cuarto de estar de la casa. Pero pronto me di cuenta de que allí no estaba sola. Había cuando menos media docena de moscas. Demasiadas moscas. Es más, después de mí todavía se posaron por allí otras tres o cuatro.

—¡Qué! —me dijo una—, ¿tú también vas a Asturias?

—Sí —le respondí, algo sorprendida.

—Pues todas estas de por aquí también, así que no sé cómo lo vamos a hacer para que no nos vean.

Se ve que le molestaba mi presencia allí, pero oye, todas teníamos derecho a ir a Asturias; creo yo, vamos. De pronto, los niños se metieron en el coche, a una voz que les dio su padre, apareció la madre, cerró la puerta de la casa, y cuando los dos progenitores abrieron las puertas delanteras para meterse ellos también, nos lanzamos para dentro todas en tromba. Ni que decir tiene que se notó en el acto nuestra presencia.

—Mamá, hay moscas —se quejó una niñeja repelente.

—No te preocupes —dijo su padre—, que ahora bajamos las ventanillas y en cuanto el coche coja velocidad se van solas.

Todas corrimos entonces a agarrarnos, es un decir, a lo que fuera, pero lo cierto era que el padre tenía razón. En cuanto el coche salió del pueblo y se puso a noventa, empezaron a entrar unas corrientes de aire terribles por todo el coche y empecé a ver congéneres salir por las ventanillas a la tremenda. Una incluso me pidió, mientras salía despedida, que le enviara una postal desde Asturias. Le prometí que así lo haría, si es que averiguaba lo que era una postal. En fin, que por lo que a mí respecta, tuve la suerte de encontrar acomodo en el interior de una bolsa de playa, bien agarrada a una redecilla que contenía unas palas, rastrillos y cubos playeros. Al cabo de un rato me percaté de que los ventarracos habían desaparecido, señal de que habían subido las ventanillas, así que volé hasta un reposacabezas y desde allí me di una vuelta rápida para constatar lo que sospechaba: no quedaba en el coche más mosca que la menda lerenda.

—Mamá, queda una mosca —dijo entonces la misma niñata asquerosa.

—¡Cállate, hija de Satanás! —le grité yo, aunque nadie me oyera.

Entonces me volví corriendo a mi escondite inicial y crucé las alas para que no volvieran a bajar las ventanillas. Menos mal que no lo hicieron y se olvidaron completamente de mí. Después, recuerdo que la temperatura del habitáculo empezó a bajar. Bajó tanto que me entró un frío de mal agüero. "A ver si me voy a coger una pulmonía y la voy a palmar sin ver Asturias", me dije toda preocupada. Entonces caminé un poco hasta que encontré una toalla de playa, donde pude entrar en calor... Y bueno, me he despertado hace un rato y resulta que el coche está vacío y es de noche. Me he dado una vuelta por el coche, posándome en todos los cristales habidos y por haber, pero no encuentro forma moscuna de salir de aquí. Supongo que habremos llegado a Asturias y ni me he enterado. Tengo un hambre que me muero. A ver si mañana madrugan y abren pronto alguna puerta para salir a respirar aire puro. Hale, a dormir otra vez.

DÍA CUARTO

Otra vez he madrugado de lo lindo. La luz entraba en el interior del coche que daba gloria desde prontísimo, o antes aún. Me voy a tener que agenciar un antifaz o algo así. Lo malo de estar en el interior de un coche sin poder salir es que es enormemente claustrofóbico. Primero te das unas vueltas del salpicadero al cristal trasero y viceversa. Luego te cansas y empiezas a limpiarte a fondo aunque no te haga falta porque no has comido nada. Pero luego te empiezan a asaltar preguntas que hacen que te pongas muy nerviosa. "¿Y si ya no necesitan coger el coche hasta que se les acaben las vacaciones? ¿Y si a las tres de la tarde hay cincuenta grados aquí dentro y no hay bicho que sobreviva? ¿Y si se han muerto todos por cenar algo caducado y nadie abre una puerta del coche en seis semanas, que es más de lo que yo voy a vivir?". Esas y otras preguntas por el estilo hicieron que acabara por perder los papeles y me viera aporrando el cristal del piloto con las patas delanteras, pidiendo auxilio. Pero nadie se fijó en mí. Pasaban familias enteras con las bolsas de playa, las sombrillas de playa y las sillas de playa, prácticamente a mi lado, y como si nada, oye.
—Moriré aquí, seguro —me dije—. Sin saber lo que es la playa ni conocer a las vacas asturianas y sus boñigas de fama universal.
Pero cuando ya lo daba todo por perdido, llegó el señor y abrió el portón trasero del monovolumen. Qué liberación y qué alegría sentí. Salí entonces pitando y fui directa a posarme en el techo del coche pero por fuera. El hombre sacó la bolsa con los apechusques de la playa y las toallas y volvió a cerrar. Inmediatamente pensé que qué rato más malo me había pasado a lo tonto porque estando las bolsas playeras en el coche, era obvio que tendrían que sacarlas de allí más pronto que tarde. Pensado lo cual, el estómago me hizo un ruido horrible, como de correr muebles de un sitio a otro. Sentía tanta hambre que me parecía que iba a desfallecer. Así que nada, eché a volar corriendo y me posé en la bolsa de playa que llevaba en la mano mi salvador con la esperanza de que allá donde fuera podría hinchar el buche con cualquier porquería.

Cuando entramos en el apartamento, me di cuenta de que algo no iba bien. Tenía la señora una cara de perros que no podía con ella. Conocí el motivo en cuanto abrió la boca.

—De verdad, Mariano, vaya mierrrrrrrrrrrrrrrda de apartamento que has ido a alquilar —le espetó con ojos ferinos—. ¿Es que no había nada mejor en interné, hijo? Está todo viejuno, no hay microondas, no hay plancha, no hay cafetera; la cocina está supermugrienta y las dos sartenes ni te digo; te tienes que duchar con el telefonillo de la mano y ni siquiera hay cortinilla de ducha; la bañera está toda sarrosa y la escobilla del váter está que te mueres de asco; las persianas de los dormitorios no bajan hasta abajo y entra una luz del carajo; la tele está casi a la altura del techo, que ya verás qué tortícolis nos vamos a coger, y el mando a distancia funciona sólo si mueves las pilas; y encima toda la noche con el chunda-chunda del bar de abajo —parecía que a la tipa se le iba a agrietar la cara—. Desde luego, te has lucido.

—Lo siento, niñita —le dijo él, todo cariacontecido—. Yo sólo quería darte una sorpresa. Te dije que íbamos a un sitio a media hora de la playa porque sé que a ti lo que te gusta en el fondo es la primera línea de playa, y creía que te ibas a llevar un alegrón.

—O sea, que no hay prados, ni vacas, ni boñigas —dije yo—. Qué contrariedad. Esperemos que la playa sea algo molón de verdad.

Entonces la mujer suspiró y pareció relajarse un poco aunque le dijo a su marido, pareja o lo que fuese que para el año siguiente ella se encargaba de todo; que las sorpresas las cargaba el diablo. Pero para cuando dijo esto último ya andaba yo por la cocina buscando condumio. "Si todo está tan asqueroso —pensé—, algo habrá que llevarse al buche". Pero resulta que no, que al parecer acababan de desayunar y la señora era limpia como ella sola, porque era evidente que acababa de limpiar y todo estaba por allí como una patena. Ni una gota de zumo, ni un grano de azúcar, ni una miga de galleta; nada de nada, oye. Y yo con un hambre horrible. Entonces me acordé de que la señora había dicho que la escobilla del váter daba un asco que te mueres, así que me fui derecha al cuarto de baño y, efectivamente, encontré allí la salvación gastronómica. Pero poco me faltó para encontrar también la muerte.

Resulta que estaba yo tan feliz, dale que te chupo a un pelo de la escobilla cuando, de pronto, entró uno de los niños de la pareja. Es un guñarrón de unos cinco años con una pinta de pillastre que no puede con ella. Total, que levanta la tapa de la taza, se saca el rabillo ese que tienen entre las patas y empieza a hacer pis tan campante. Yo, que no había visto nunca un niño meando, me quedé como atontada viéndolo y de pronto veo que él se queda mirándome fijamente. Luego, el muy ruñofo me prodiga una sonrisa picarona, que yo le devuelvo al instante, y hasta le saludo con una patita. Y cuando ya creía que nos íbamos a hacer amigos, el muy puerco me apunta con el rabito y empieza a chorrearme de pis. Cuando me quise dar cuenta estaba nadando en un lago de pis en medio de una baldosa. Creí que me ahogaba y encima con las alas mojadas no podía echarme a volar. Entonces entró la madre, y al ver a su hijo meando en el suelo le soltó dos azotes en el culo que ojalá hubieran sido dos puñaladas en el bajo vientre.

—¡Pablito, marrano! —le gritó la señora, toda enfadada— ¡Qué ocurrencias tienes!

Pablito salió llorando del cuarto de baño y su madre con él, volviendo ella a los pocos segundos con el cubo y la fregona. Si no espabilaba, aquello era mi final, pero tenía que hacer un esfuerzo gigantesco. Y lo hice. Sacando fuerzas de flaqueza logré encaramarme al pie del lavabo y subir a patita lo suficiente como para que las pasadas de la fregona no se me llevaran por delante. Menudo sofocón. Cuando terminó de fregar, salió la señora del cuarto de baño y le dijo al tal Mariano que Pablito era como él, que no hacía más que memeces. Y según se lo decía, cerró la puerta del cuarto de baño, quedándome yo allí encerrada. La verdad es que en ese momento me daba igual. En el fondo me encontraba alegre por haber salvado el pellejo. "Anda que no hay moscas que no llegan al cuarto día de vida y, mira, yo aún sigo aquí, sana y salva —pensé—. Ya verás cómo muero de vieja. Si es que soy una optimista de la leche".

30

Total, que después de secarme al aire y asearme con esmero todas y cada una de mis partes nobles, que son todas, sobre todo las alas, volví a la tarea que me había llevado inicialmente al baño, o sea, rebañar el palo de la escobilla, cosa en la que anduve entretenida durante no menos de media hora o dos, hasta que me di por saciada y eché a volar sin rumbo cierto y sin ton ni son hasta que me entró un apretón que me obligó a posarme rápidamente en el espejo para evacuar y dejar mi marca personal. Entonces entraron las dos niñas con su madre detrás, se lavaron las manitas, hicieron un pis y, cuando parecía que se iban, una de ellas se me quedó mirando y dijo:

—Mamá, esa es la mosca del coche.

—¡Y tú la niña del exorcista! —le grité inútilmente—. ¡Cómo me has podido reconocer, desgraciada!

Menos mal que la madre tenía prisa y las sacó a las dos del baño casi a empujones, que si no veo que se quita la chancla y me estampa contra el espejo. El padre, entre tanto, las llamaba desde la puerta de entrada, a grito pelado, diciendo que iban a llegar tarde a la playa.

—Hombre, la playa, por fin —dije yo—. Vamos, vamos a la playa.

Me dio un subidón de adrenalina tremendo al saber que por fin iba a ver la playa. Y eso, que salimos los seis por la puerta camino de la playa, todos a patita menos yo, que me posé ladinamente en el sombrero de paja con cinta azul monísimo que llevaba la señora, aunque a decir verdad no le pegaba nada con sus tatuajes. Por el camino me dediqué a limpiarme bien y a rebuscar cosas relacionadas con la playa que mi madre me hubiera dejado grabadas en el subconsciente, a falta de la playa misma. Lo único que encontré fue un balón de Nivea enorme de rayas blancas y azules. Pero daba igual, de pronto los niños empezaron a gritar "¡la playa, la playa!" y como engancharon a correr, yo me eché a volar detrás de ellos, ansiosa de ver la playa. Y por fin la vi. La playa y el mar. Las olas. La brisa marina. Respiré hondo. Y me llegó un olorcejo a calamares a la romana que venía de un chiringuito que se me hizo la boca agua. Así que tomé nota de dónde se aposentaba la familia y me fui al chiringuito.

Qué maravilla de chiringuito. Qué mugre en las mesas, oye. Había unos turistas británicos achicharrados que daba gloria, comiéndose los calamares y bebiéndose una jarra de sangría más aguachinada que otra cosa. Total, que me entró el hambre como si lo de la escobilla no hubiera ocurrido y me metí una panzada de rebozado de calamares junto con una congénere que andaba por allí, y que me decía con acento asturiano que tenía que probar la sidra y el "fogo al pitu".

—¿A que no has probado la sangría? —me dijo de pronto.

—No, gracias, no tengo sed —le respondí.

—Pues está buenísima. Es prácticamente agua con azúcar y una gota de tinto malón... Yo me voy al borde de la jarra a echar un trago.

Bueno, pues tendría más de una gota de tinto malón porque al poco rato volvió con una cogorza de cuidado. Y claro, ocurrió lo que tenía que ocurrir: que uno de los guiris nos echó el ojo, cogió la bandejita de la cuenta y nos intentó ajusticiar de un golpetazo. Yo, como estaba sobria, eché a volar a tiempo, pero la pobre del "fogo al pitu" allí que se quedó, pegada a la bandeja. Inmediatamente después, y sólo para provocar, me posé sobre la mismísima cuenta de la bandejita y casi me caigo de espaldas: "ración de calamares......30 euros", "pan......6 euros", "jarra de sangría......30 euros", servicio de mesa......10 euros", "IVA 21%......60 euros".

—¡¿Cómo van a ser sesenta euros el IVA?! —grité, llevándome las patas a la cabeza.

El caso es que pagaron religiosamente y se fueron sin decir esta boca es mía, lo que me lleva a pensar que el vino de la sangría tendría efectos opiáceos o algo así. En fin, que como hacía calor me metí en el chiringuito y allí dentro hacía más calor aún, entrándome un sopor a causa de la digestión muy particular. Tocaba siesta y siesta tuve, en la pata de una silla, durante una o seis horas, que los tiempos aún no los domino bien. Pero cuando me sentí con fuerzas, emprendí el vuelo y me fui con la familia, a ver qué se cocía por ahí.

Ya de lejos me dio la impresión de que algo no iba bien. Había una acumulación de gente alrededor de la sombrilla de mi familia vacacional. Digo vacacional porque la verdadera familia humana de una mosca es la primera familia con que se topa en vida. Lo que me ha hecho recordar con mucho sentimiento y emoción al señor Antonio pelando ajos y su inefable olor sudoroso. El caso es que cuando llegué al epicentro, haciéndome hueco entre la gente (es un decir, je,je), me topé con que el tal Mariano estaba tendido en el suelo bocarriba a la sombra de la sombrilla, jadeando y soltando gritos de dolor, mientras la señora, con la cara desencajada, le decía que se tranquilizara, que en un instante llegaban los de la Cruz Roja para atenderle. Los niños lloraban los tres en plan pucherito. Como Pablito el que me meó y la niña del exorcista ya me caían fatal me alegré bastante al verlos así. Sólo la otra niña me dio un poco de pena. Los de la Cruz Roja no tardaron en llegar en un quad.

—A ver —dijo uno que llevaba un botiquín—, ¿qué le ha pasado?

—Pues que hemos alquilado una patineta de esas de tobogán y cuando ya volvíamos para la playa, al llegar a la orilla ha venido una ola enorme y la ha volcado —le dijo la señora—. Menos mal que los niños y yo ya nos habíamos bajado, pero mi marido no y al final la cabeza del cisne (la patineta tenía forma de cisne) le ha dado en la espalda y cree que le ha roto una vértebra. Aunque yo creo que exagera, porque es un blando.

—De blando nada —dijo el Mariano—, y menos mal que no me he ahogado. Pero he tragado una cantidad de agua horrorosa.

Luego le examinaron, dándole la vuelta, y resultó que la mujer tenía razón, porque el hombre no tenía nada, más allá del dolor del golpetazo y un moratón de mucho cuidado en la espalda, donde le extendieron una crema olorosa y atrayente, a la que me adherí enseguida, pero que sabía a rayos. Cuando se fueron los de la Cruz Roja, la señora le dijo al señor que siempre tenía que dar la nota y que ya era hora de irse a casa. Mientras recogían me di un paseo para estirar las alas y me dediqué a observar unos bicharracos voladores que me parecieron feísimos y que no supe cómo se llamaban hasta que la niña, la única que hasta ahora me cae bien, le dijo a su madre que le daban miedo las gaviotas y que había una que le estaba intentando quitar el bocadillo. Pero la madre bastante tenía con recoger todas las cosas ella sola, sin que su marido, que ahora estaba sentado sobre la nevera de playa, moviera un dedo.

—Podías por lo menos cerrar la sombrilla —le dijo ella a él de muy malos modos—, que ni que te hubiera pasado un tanque por encima.

En fin, que de allí al coche y del coche al apartamento en un plis-plas. Luego me he entretenido mucho viendo a la madre duchar a los tres niños a la vez. Los ha duchado en serie. Los tres en la bañera, como los tres tenores, de pie. Chorrerón a uno, luego a otro y luego a otro. Esponjazo a uno, a otro y a otro. Y finalmente otro chorrerón a cada uno para quitarles la espuma. Parecía una cadena de montaje. Luego los ha sacado en volandas, los ha secado entre quejas por la fuerza con que se empleaba con la toalla y de ahí directos al salón a cenar. Me he puesto a reventar de mozzarella y de kétchup viendo un concurso en la tele bastante aburrido. Y con eso y un bizcocho, todo el mundo a la cama. Se está bien cómodo en el botón gordo del mando de la tele.

DÍA QUINTO

Hoy me he despertado de madrugada. Yo creo que eran como las tres o las seis. El caso es que el marido le ha empezado a decir a la mujer que le dolía mucho la espalda donde tenía el golpetazo del cabezazo del cisne. La señora se ha levantado y ha entrado derecha en el cuarto de baño. La vi desde donde estaba rebuscando en unos cajones. Luego se ha ido a la cocina y ha vuelto al dormitorio con un vaso de agua.

—Tómate este Nolotil, anda —le dijo al señor, que obedeció sumiso— ¿Te duele mucho?

—Bastante, la verdad —respondió él—. Es la última vez que cojo una patineta de esas. En fin, lo hago por los críos…

—Anda ya —le soltó ella—. Si te has tirado veinte veces por el tobogán de la patineta. Te hacía más ilusión que a ellos, así que no te hagas ahora el mártir.

Mientras decían esas tonterías, me fijé en que la puerta del dormitorio de los niños estaba entreabierta, así que aproveché para entrar. Y como era verdad que la persiana bajaba fatal y entraba una luz de mil demonios procedente de una farola, pude ver a las tres criaturas candorosas tranquilamente dormidas.

—Pues a Pablito y a la niña del exorcista los pienso despertar —me dije con una malicia moscuna que a bien seguro he heredado de mi madre.

Entonces eché a volar directa a la cara de Pablito, posándome en la punta de su nariz. Como no se inmutaba, comencé a andar por los párpados. De pronto, soltó un manotazo para espantarme, pero siguió durmiendo. Luego le dejé unas cagaditas en los labios y me asomé a una fosa nasal. Le tiré de un pelillo. Se dio otro manotazo en la cara que casi me aplasta junto a la entrada de la gruta. Me asomé, muy testaruda yo, a la otra fosa. Divisé un moco. "¡Qué rico!", pensé. Me adentré en la fosa con el ánimo de probarlo, olvidándome de dónde estaba, y en ese momento noté como un terremoto y salí corriendo de allí. Ya posada en una lamparilla de noche, vi que Pablito estaba sentado en la cama, metiéndose los dedos en la nariz y gimoteando, hasta que maulló:

—Mamaaaaaaaaaaaaaaaaá —y se echó a llorar, añadiendo luego con voz lamentosa—: me ha picado un mosquito.

Entonces la niña del exorcista se despertó, de lo que me alegré muchísimo. Pero, vamos, confundirme con un mosquito el niño tonto ese...

Al cabo, llegó la madre a preguntar que qué pasaba allí, y la niña del exorcista, toda histérica, empezó a decir que había un mosquito en la habitación, que lo había oído perfectamente y que incluso la había picado por todas partes. Mentirosa, la muy gruñapa. Y luego Pablito dijo que a él también le había picado y que le picaba todo el cuerpo. No hacía más que rascarse toda la cara, pero sobre todo la nariz. Vaya par de tontos. Mientras tanto, la hermana de esos dos, que cada vez me cae mejor, seguía durmiendo como si nada.

La madre les dijo a los niños que iba a encender la luz del cuarto de baño para que el mosquito acudiera a la luz, y al cabo de un rato cerraría la puerta del cuarto de baño, suponiendo que el mosquito se quedaría dentro, encerrado. Como treta no estaba mal, aunque no hubiera ningún mosquito a quien engañar, y además logró que los niños se tranquilizaran. Yo, con tanto trajín, me desvelé, limitándome a descansar pegada a una lámina que había en la pared. Luego, no sé a qué hora, apareció el padre, que se fue derecho al cuarto de baño, hizo popó, tiró de la cadena y abrió la ventana para que se fueran los malos olores, aunque no sé por qué los llaman así. Se fue a la cama derecho, pero a los pocos segundos apareció la niña del exorcista. Encendió la luz del cuarto de baño y se volvió a la cama. Supongo que lo hizo para que el mosquito se fuera a la luz. Y claro, como el padre había dejado la ventana abierta, a los pocos segundos ya habían entrado seis mosquitos (a lo mejor entraron más, pero yo vi entrar seis), con más hambre que los náufragos de la balsa de La Medusa, en busca de sangre fresca. Y como los dos dormitorios tenían las puertas entreabiertas pudieron entrar como les dio la gana y salir igualmente pero con las panzas atiborradas de sangre. Uno de ellos se posó cerca de donde yo estaba para hacer la digestión y traté de darle un poco de conversación. Qué tío más estirado. Me pareció antipatiquísimo. Como todos los mosquitos sean como él no merecerá la pena buscar amistades en ese gremio.

Ya entrada la mañana vinieron las madres mías. El padre estaba acribillado a más no poder. El pobre hombre se contó unas veinte picaduras y como le habían hecho reacción alérgica, parecía todo él una bata de lunares.

—Si no hubieras dormido en calzoncillos sólo te hubieran picado en los brazos y las piernas —le dijo la señora.

—Sí, y en la cara —dijo él, señalándose una picadura enorme que tenía entre ceja y ceja—. A ti, en cambio no te ha picado casi ninguno. Se ve que mi sangre es mucho más dulce que la tuya. Pues me están empezando a entrar unas ganas de rascarme locas.

—Ni se te ocurra, que es peor —le dijo ella.

Pero a los cinco minutos, el señor estaba rascándose en el sofá como un perro sarnoso. Mientras tanto, la señora entró en el dormitorio de los niños para despertarlos, porque ya era hora, y yo entré con ella a ver qué tal. Subió la persiana y quedó bien claro quién había sido el objetivo número uno de los mosquitos: la niña del exorcista. Su cara parecía el ataque a Pearl Harbour. Lo que me cuesta trabajo creer es que no la despertaran. Supongo que le meterían varios litros de anestésico al tiempo que la picaban y le succionaban la sangre a lo bestia. En cuanto su madre se percató de la cantidad de picaduras que tenía, puso tal cara de susto que logró que la niña se echara a llorar antes de sentir picazón alguna. Pablito sólo tenía tres o cuatro picaduras, pero estaba muy gracioso porque tenía una en cada carrillo y parecía un payasete. La niña que me cae bien no tenía ninguna picadura. Si es que hasta dormidita transmite buenas vibraciones.

Total, que la madre le dijo al padre que les pusiera a los niños el desayuno mientras ella se iba a la farmacia a comprar algo para los mosquitos, y al cabo de cinco minutos estábamos los tres niños y yo desayunando tan ricamente, aunque la niña del exorcista no dejaba de espantarme una y otra vez con su mano bien atiborrada de picaduras. Me alegro. Nunca había probado la quesada y aunque no es la boñiga de toda la vida, tampoco está nada mal. Si me acuerdo, intentaré llevarle un cacho a la mosca del panadero para que la compare con los bollos de aceite.

Cuando acabé de desayunar, me fui a dar unas vueltas por toda la casa. Es algo que a las moscas nos gusta hacer a menudo. Empezamos en un sitio cualquiera y vamos de habitación en habitación, recorriéndolas todas, cada vez a mayor velocidad hasta que acabamos por estamparnos contra algún cristal. Entonces echamos unas carreritas por el cristal, para mantener en forma las extremidades inferiores, y echamos a volar otra vez. Cuando nos agotamos, nos dedicamos a hacer series más pequeñas, o a ir de acá para allá, posándonos en cualquier parte cada tres o cuatro segundos. Esto último es aburrido si no hay humanos en la costa, pero si los hay y somos capaces de provocarlos resulta la mar de entretenido porque, ni que decir tiene, intentan atraparte o aplastarte con cualquier cosa. Es cierto que te juegas la vida pero merece la pena. Total, para lo que vive una mosca.

Y así andaba cuando llamaron por el móvil y el marido dijo que iba al coche a por no sé qué. Como me apetecía salir de casa, me fui tras él y nos metimos los dos en el ascensor. Hay que ser vago para, alojándose en un primero, coger el ascensor rumbo a la planta baja. Bueno, pues el hombre este lo hizo. Y yo, pues bueno, reconozco que podía haber bajado por las escaleras pero lo cierto es que me metí dentro con él. La cosa es que fui a posarme junto a un chorrillo de aceite de motor que caía por la pared del ascensor procedente del techo y me pareció buena idea probarlo. Sabía peor aún que la crema que le pusieron al señor para aliviarle el costalazo el día anterior. Pero lo peor fue que, entretenida con aquel chorrillo, ni me percaté de que el señor abrió la puerta del ascensor y se fue, quedándome yo dentro. Al principio me asusté un poco, pero pensé que si el señor lo había usado para bajar, con más motivo lo usaría para subir. Y casi acierto, pero sólo casi, porque a los dos minutos oí la voz de la señora que le decía a su marido:

—No irás a coger el ascensor, pedazo de vago. Y luego te quejas del tripón que te está saliendo.

Total, que se ve que subieron los dos por las escaleras y yo me quedé allí, solita, en aquel habitáculo tan raquítico, porque se veía a una legua que era el típico ascensor que habían hecho aprovechando un hueco de las escaleras birrioso. Qué claustrofobia, por Dios. Al principio volé de una pared a la otra y de la otra a la una como treinta veces. Luego caminé muchísimos kilómetros, al menos según la escala del mapa de España de la gasolinera. Más tarde me fijé en que había un botón de emergencia así que me dediqué a estamparme contra él como veinte veces, pero ni que decir tiene que no logré que sonara la alarma. De pronto, se fue la luz, lo que supongo que será como medida de ahorro. Y que conste que me parece bien; que siempre he pensado yo en lo derrochones que son los humanos, dejándose encendidas luces por todas partes. Bueno, no sé si esto lo he pensado alguna vez o me lo ha dejado mi madre grabado en el subconsciente, pero igual me da. Lo cierto es que a oscuras el ascensor me daba yu-yu. Pero al final, mira tú, me quedé dormida de tanto esfuerzo y tanto agobio. ¡Y qué pesadilla tuve! Soñé que la cajera de la gasolinera tenía cabeza de golondrina y me perseguía por toda la tienda para comerme. En vez de llevar una chancla en la mano, llevaba un bollo de aceite del panadero y mientras me perseguía me decía que se iba a hacer un bocadillo conmigo. Yo, además, era más grande que la caja registradora y no podía volar prácticamente nada con ese tamaño por aquella tienda. Al final, me colé por un agujero y de pronto me vi tan feliz posada en la espalda del señor de los ajos, que no se inmutaba lo más mínimo. Pues estuve dormida por lo menos dos horas o siete y media, vaya usted a saber.

De pronto, el ascensor se movió y subió al segundo, o sea, el último, cosa que deduje porque el ascensor sólo tiene cuatro botones: el del cero, el del uno, el del dos y el de emergencia. Se abrió la puerta y a punto estuve de salir, pero como al instante me llegó a la nariz un olorcillo sublime, me quedé. Entró entonces un tipo con cara de sepulturero con una bolsa negra en la mano, que reconocí al instante como la típica bolsa de la basura.

—Ajajá —se me dibujó una sonrisa en la cara—. ¡Así que de ahí viene el olorcillo sublime!

Y, claro, como ya estaba muerta de hambre, me fui derecha a la bolsa, metiéndome dentro por el boquete que quedaba por debajo del nudo. Y hale, a chupar se ha dicho. Creo que era tortilla francesa echada a perder por el calor, seguramente. Rica, rica. Pero cuando me quise dar cuenta, estaba otra vez encerrada. Esta vez en el contenedor de la basura. Por glotona. Tenía que haberme salido de la bolsa al sentir la calle, pero estaba tan rica la tortilla aquella que se me fue el santo al cielo. Al menos en el contenedor tenía toda la comida que podría soñar y más, pero tampoco me apetecía estar mucho tiempo allí, después de haberme pasado medio día en el ascensor. Aparte de que definitivamente no me gusta la oscuridad cuando no es de noche y allí estaba también todo muy oscuro. Lo único bueno era que había unas cuantas congéneres, con las que pude platicar e incluso aprender algo de asturiano. Son buena gente estas moscas asturianas. Una de ellas me llevó a degustar unos restos de fabada que estaban para chuparse las patas, aunque luego me produjeron gases. De todos modos tenía claro que en cuanto algún humano abriera la tapadera del contenedor saldría volando de allí. Había llenado la panza y me apetecía un poco de aire fresco.

—Adiós, guapas —les dije a mis recientes amistades en cuanto vi que se abría la tapadera.

Lo que pasa es que emprendí el vuelo un tanto distraída y casi no vi venir una enorme bolsa de basura que venía hacia mí, arrojada desde fuera con energía. Así que me estampé contra la bolsa y no la palmé de puro milagro. Inmediatamente eché a volar de nuevo, ya más centrada, y aún tuve que sortear otras dos bolsas enormes. Luego empezaron a arrojar cajas y botellas de plástico, de modo que me acabé posando en la parte interior de la tapadera a la espera de que finalizase aquella auténtica lluvia de meteoritos. Mala elección. En cuanto cesó tal lluvia, la tapadera se cerró de golpe y me volví a quedar encerrada. "Paciencia", me dije. Y paciencia tuve, empleando el tiempo en limpiarme toda, de arriba abajo, hasta quedar como una patena. Finalmente se volvió a abrir la tapadera y, esta vez sí, salí volando a toda mecha. Me posé entonces en el techo de un coche que había justo al lado del contenedor y desde allí vi a Pablito con su papá tirando la basura.

—Papá, papá, déjame tirar a mí la basura —le dijo el niño.

—Pero si tú no llegas —le dijo el padre.

Al final, el padre le dio la bolsa a Pablito, lo cogió por los sobacos y lo alzó por encima del contenedor para que tirara la basura. ¿Qué como se le escurrió el niño y se le cayó dentro del contenedor? Todavía no lo tengo claro. Lo cierto es que la señora, que los observaba desde el balcón, dio un grito, luego dijo algo así como "pero cómo puedes ser tan idiota" y bajó corriendo. Al rato ya estábamos todos en el apartamento. Tocaba lo mismo que el día anterior, o sea, ducha, cena, tele y a la cama, aunque a Pablito le restregó su madre con la esponja por todas partes hasta hacerle llorar. Y poco más que contar por hoy. Bueno sí, sigo con gases. Es incómodo. Aquí, en el cristal de esta ventana, se está bien, pero fuera me da la sensación de que ha empezado a llover.

DÍA SEXTO

Hoy, para variar, me he despertado tarde. Supongo que habrá sido porque ya acusaba cansancio acumulado de días anteriores, pero sobre todo porque hoy el sol se ha dado a la fuga y la luz mañanera no ha venido a despertarme. Es el primer día que veo que amanece atiborrado de nubes oscuras y lloviendo a cántaros. Hasta ahora sólo había visto el cielo más azul que los ojos de Paul Newman, así que he quedado impactada ante una visión tan tenebrosa. Me he pasado una hora, o a lo mejor tres, pensando en las pobres moscas que hayan pasado la noche a la intemperie y que se hayan topado con todo ese agua caída del cielo de forma inmisericorde. Seguro que a alguna se la ha llevado el agua por delante. Morir ahogada es inmoscuno.

Ver llover me puso melancólica hasta el punto de que casi suelto una lagrimita sin saber por qué. Menos mal que cuando más cerca de la depresión estaba, la señora entró en el salón de sopetón y me sacó de mi marasmo. Cuando me quise dar cuenta, había abierto de par en par la ventana para que se ventilara un poco. Entró entonces una ventisca cargada de agua de lluvia y no tuve otro remedio que echar a volar para ponerme a salvo, posándome en la esquina del techo más alejada de la ventana. Pensaba yo que no tardaría ni cinco segundos en cerrarla, pero qué va, a los diez minutos estaba yo congelada y sin poder ir a ninguna parte porque la tipeja había cerrado todas las puertas del salón. El caso es que a ella, que se había repachingado en el sofá y puesto a leer una novela, no parecía que aquella borrasca metida en casa le afectara lo más mínimo.

—¿Pero tú quieres matarme de una pulmonía, troñoca? —le grité a lo tonto—. Así te la cojas tú y tengas que guardar cama seis meses.

Al cabo de un rato que a mí me pareció largón, la señora miró el reloj y como debió de parecerle hora de levantar de la cama a todo el mundo, abrió las puertas de par en par y empezó a dar gritos y palmadas para despertar al personal. Mientras tanto, y como consecuencia de tener tanto tiempo abierta la ventana, habían entrado en el salón no menos de una docena de colegas, todas las cuales se habían ido agrupando a mi alrededor en aquella zona del techo donde yo me había cobijado al abandonar la ventana.

—¡Qué manera de llover, eh! —le dije a la que tenía más cerca.

—Uy, esu no es nadu —me dijo ella—. Lañu cuarentiuchu cayú un churrusu de mil dimonius que se llevú el pueblu al caraju. No quedú una mosca pa contarlu.

Aquel comentario me estremeció. ¡Y a mí que me parecía que llovía a cántaros! Pero claro, en realidad, al no haber visto nunca llover, no tenía criterio comparativo. Lo cierto es que en el ínterin de aquella conversación, la señora cerró la ventana para gloria de todas, emprendiendo el vuelo cada cual donde Dios le dio a entender. Aunque al final, y como no podía ser de otra manera, terminamos casi todas en la cocina, a la busca de manduca.

La cosa tenía buena pinta, pues el despliegue matinal consistía en tostadas de aceite con tomate para el señor y galletas con tropezones de chocolate para los niños. Casi todas mis congéneres optaron por las tostadas pero yo preferí las galletas por la facilidad con que te podías hacer pasar por un tropezón de chocolate y así pasar desapercibida mientras le dabas una chupada a la cosa. Además, el señor no hacía más que espantar a mis compañeras mientras despotricaba contra ellas.

—Qué asco de moscas; si es que hay muchísimas —se quejaba él.

Yo, para mis adentros, pensaba que es más espabilada la mosca castellana que la asturiana, porque el hombre no las dejaba posarse ni dos segundos y aquello era un sin vivir. En cambio yo lo único que tenía que evitar era que me comiera una de las criaturas, cosa que al final estuvo a punto de ocurrirme, porque Pablito es de los que cogen las galletas y se las lleva a la boca a una velocidad endiablada. De hecho, allí anduve, entre los dedos y los labios del niño, que hasta llegué a notar cierta humedad de baba infantil. Qué susto, Señor. Pero en fin, que lo peor de todo vino justo cuando terminaron de desayunar y la niña del exorcista hizo una de esas propuestas que la hacen particularmente odiosa:

—¿Y si matamos moscas, a ver quién mata más? —soltó, la muy indeseable.

Oye, fue decirlo y quedarnos todas petrificadas de terror. Luego vino el sálvese quien pueda. Una que estaba a mi lado se fue por la pata abajo antes de echar a volar como una posesa hasta estrellarse contra la puerta del frigorífico; a otras les dio un paralís; incluso hubo una que se arrojó al fondo del tazón de leche del señor, quedando allí presa y sin otro horizonte que acabar dentro del lavavajillas. Yo, por mi parte, eché a andar con aparente soltura en dirección a la pata de la mesa, aunque me temblaban las canillas, sin poder batir las alas del miedo que sentía. Y en esas estábamos cuando llegó el padre y dijo, el muy ñagrupón:

—Pues hay un par de matamoscas en el armario escobero. Venga, al que más mate le doy un euro.

—Un tiro en la frente te daba yo —le dije a grito pelado.

Entonces Pablito y la niña del exorcista corrieron a coger aquellos utensilios dignos de la peor Inquisición mientras todas poníamos, ya recuperadas del infarto, alas en polvorosa, en busca de una ventana por la que huir. A falta de tal vía de escape, pues todas las ventanas estaban cerradas, corrimos a escondernos por toda la casa. Yo me escondí en el borde negro de un jarrón chino, que no es que fuera chino sino que se veía a la legua que estaba comprado en un chino, y no me moví de allí en un minuto o veinte, vaya usted a saber. El caso es que pasé escondida en el jarrón el peor momento de toda mi corta vida. Cada dos por tres oía el ruido que hacía el matamoscas al estamparse contra algo y el corazón me hacía un amago de pararse. Pero lo peor era cuando los niños gritaban "¡una!", "¡otra!", "¡otra!", "¡uy, casi, casi!" o "yo ya llevo tres". Entonces me entraba un escalofrío de película de Freddy Krueger. ¡Lo que hubiera dado por haber sido yo un gigante con un mazo y poderles haber espachurrado a ellos sin piedad…! De todos modos, tan horrible experiencia me sirvió para darme cuenta de que entre nosotras hay mucha diferencia en lo tocante a lerdismo porque las había que se pensaban que el intríngulis estaba en quedarse quietas y no moverse lo más mínimo. Y así, hubo una congénere posada en medio de la pared, que no dejaba de guiñarme el ojo, como queriéndome decir que lo tenía todo controlado. "Estás apañada tú", pensé para mis adentros. Y efectivamente, al cabo de un rato llegó Pablito con el matamoscas, la apuntó, tomándose su tiempo, y ¡zas! Una menos.

Afortunadamente, aquella colega fue la última en caer porque la señora, que no sabía nada del asunto al haberse metido en el baño a ducharse, salió en el momento en que Pablito dejaba estampada contra la pared aquella mosca, que más bien era moscón, y se puso hecha un basilisco.

—¡Pero qué guarradas haces, Pablito! —le gritó, colérica— ¡Menudo manchurrón has dejado en la pared! —y como a Pablito se le comió la lengua el gato, ella le siguió gritando—: ¿Y con qué permiso has cogido ese matamoscas?

—Nos ha dejado papá —dijo por fin Pablito, un tanto acobardado—. Al que mate más moscas le da un euro.

—Tu padre no nació más bobo porque ya no había molde —dijo la señora.

Entonces se fue derecha a la cocina, donde estaba el señor, y yo me fui detrás picada por la curiosidad. Estaba él sentado oyendo la radio y el muy trupoño iba colocando los cadáveres de mis congéneres sobre sendas cuartillas de papel, en una de las cuales había puesto a bolígrafo Pablito y en la otra Lolilla, que así se debe de llamar la niña del exorcista. Entre los dos papelitos había puesto el tío una moneda de un euro, supongo que para excitar a los niños en su cacería. Iba Lolilla ganando cinco a uno, la muy matarife. Al lado de su padre, la niña requetebuena se dedicaba a colorear un cuento. Si es que ¡anda que no se distinguen bien los buenos de los malos entre los seres humanos!

Cuando la señora vio los papelitos con las moscas y el euro en medio lanzó un gruñido y se fue derecha a coger el euro, pero como el señor estaba entretenido con la radio y la señora atacó por detrás, al ver él la mano batiéndose sobre el euro, le soltó un tortazo tremendo, pensando que era la mano de uno de los niños, lo que hizo que ella montara en cólera y que le llamara de todo menos bonito.

—¡Y ya podías hacer algo de provecho, tú, que con lo que llueve hoy no vamos a poder bajar a la playa y los niños van a acabar subiéndose por las paredes!

—¿Y qué quieres que haga si está lloviendo; que saque una varita mágica y haga salir el sol? —dijo él, casi con recochineo.

—Pues coge el móvil y mirar a ver alguna excursión o algo así; que tienes menos iniciativa que una ameba —dijo ella, con ojos de ogro.

El señor cogió el móvil de muy mala gana y se puso a buscar por esa mar océana que es el interné. Al poco rato dijo que había decidido que iban a ir a visitar la cueva de Tito Bustillo, donde había unas pinturas rupestres de postín, y que había reservado para la visita guiada de las cinco de la tarde. La niña requetebuena preguntó entonces que qué eran pinturas rupestres y el padre le dijo que eran dibujos de animales, de señores o simples huellas de manos que los hombres prehistóricos hacían en las paredes y que eran muy bonitas. Como a la señora la idea le pareció buena, el ambiente se relajó bastante, de modo que yo me pude dedicar el resto de la mañana a andar de acá para allá, limpiarme una y otra vez, molestar un poquillo sin que me persiguieran con especial inquina, tomarme un piscolabis con una manchita de tomate que había en el suelo de la cocina, e incluso echarme una siesta de una hora o tres en el asa de una taza, que no lo sé muy bien.

Lo que sí sé es que me desperté de la siesta por culpa de un grito horrísono de la señora. Salí entonces rauda de la cocina, con los pelos como escarpias, a ver qué pasaba, y resultó que a Pablito le había dado por hacer pinturas rupestres con un rotulador en su dormitorio. Había allí, cerca del interruptor, media docena de siluetas de su mano izquierda y una especie de cabeza de caballo sonriente la mar de maja. La verdad es que no sé por qué se puso así la señora, teniendo en cuenta que había algunos adornos colgados aquí y allá en las paredes de la casa de bastante peor gusto. Además, según tengo entendido siempre es bueno estimular la imaginación de los niños y dejar que se expresen con total

46

naturalidad. Si esas mismas siluetas las hubiera hecho Picasso seguro que la dueña de la casa las protegería con mimo, pero como eran de Pablito, pues nada, que había que borrarlas como fuera. Lo malo era que el borrado de las siluetas dichosas, cosa de la que se encargó el señor, se llevaba la pintura detrás, y creo yo que peor fue el remedio que la enfermedad. En fin, que al final lo que hicieron fue correr más de un metro una cómoda que había en la misma pared para tapar las siluetas y la carita del caballo. Hecho lo cual nos fuimos todos a comer a la cocina: croquetas para todos y pasta de croqueta pegada a la cuchilla de la batidora para mí. Y luego, después de una siesta reparadora y un rato de zanganeo, me fui con toda la familia a la cueva de Tito Bustillo. Por cierto, que he encontrado en el coche un escondrijo buenísimo en una bandeja que hay debajo del salpicadero. Tiene una polvareda tremenda y una pegatina usada y doblada de la "Itv" de hace quince años. Aquí podré viajar tranquila.

En la cueva de Tito Bustillo pasé un frío de mil demonios. Lástima que las moscas no tengamos prendas de abrigo porque me las hubiera puesto todas. La visita, de todos modos, fue breve. Comenzó con una presentación de una arqueóloga, a la que di la murga todo lo que quise, ya en el interior de la cueva.

—Pues no suele haber moscas aquí dentro —dijo ella en un momento dado, al tiempo que me espantaba de su cara con muy poquita gracia.

—Pues alguna tenía que ser la primera, guapa —le espeté yo inútilmente.

Luego, empezamos a avanzar por la cueva, todos con mucho tiento, yo incluida. La niña requetebuena y la otra iban de la mano de su madre, mientras Pablito iba con su padre, también de la mano. De pronto tuvimos ante nuestros ojos esas pinturas milenarias y quedamos todos muy impresionados. Al principio, las siluetas de las manos y las caras de los animales me resultaban muy familiares, pero luego me di cuenta de que se parecían a las que había dibujado Pablito por la mañana como una gota de agua a otra. "Pues para tanto como esto, que hubieran dejado hacer a Pablito durante un rato más en su cuarto y nos habíamos ahorrado venir hasta aquí a pasar frío", me dije. Luego, se produjo la catástrofe: yo me posé en la cabeza de un ciervo para descansar un poco, Pablito me vio y no tuvo otra feliz idea que intentar cazarme soltando un manotazo en la pared. Y eso, que se hizo un desconchón y del ciervo sólo quedó la mitad. A los cinco minutos estábamos todos fuera de la cueva. Después vinieron los de Patrimonio y empezaron a hablar de no sé qué multa que les iba a caer, aunque no me enteré muy bien porque resulta que había por ahí un bicho muerto y me entregué a pillar cacho con otras veinte o treinta colegas hasta que vi que se iba mi familia vacacional y volé corriendo al coche para no quedarme allí colgada. Oye, en el trayecto de vuelta todo era silencio y caras largas. Los niños no se atrevían ni a abrir la boca.

Luego en casa, igual: un funeral. Ni ha habido tele ni nada. Todos acostados a las once. Qué tristeza, qué mohín. Hasta a mí se me han quitado las ganas de comer. Ahora estoy posadita en un cojín del sofá, de esos de felpa; calentito, vaya, lo que es un gusto. ¡Si es que todavía no se me ha pasado el frío que cogí en la cueva! Pues hale, mañana más.

DÍA SÉPTIMO

Esta mañana me despertó un trueno. Nunca había oído ninguno aunque sé lo que es porque mi madre me lo ha dejado grabado en el subconsciente. ¡Qué barbaridad! Retemblaron hasta los cristales de las ventanas. Inmediatamente salieron los tres niños de su cuarto corriendo a la habitación de sus papis. La tal Lolilla daba como gruñidos y Pablito no dejaba de decir "mamamamamamá". Únicamente la niña requetebuena se conducía de un cuarto a otro con cierta dignidad infantil. Al poco rato, la señora apareció en el salón y subió la persiana, allegándome yo al cristal para ver llover, porque desde hacía un rato se podía oír que caían chuzos de punta.

—¡Madre del Amor Hermoso! —no pude menos que decir—. Pero si esto es el diluvio universal. Ahora sí que tengo criterio comparativo.

Y es que, comparando lo que llovía ayer con lo de esta mañana, lo de ayer no eran más que cuatro gotas mal caídas. De pronto, me di cuenta de que no estaba sola viendo llover, pues tenía detrás de mí a toda la familia con las narices prácticamente pegadas a la ventana. Los padres tenían cara de preocupación y los niños de fascinación.

—Como siga lloviendo así diez minutos más, vemos pasar flotando nuestro coche camino de la playa —dijo el señor.

—Poco se pierde —dijo la señora—; está ya pal desguace. Igual hasta nos da algo el seguro y salimos ganando.

—No te pases, cariño, que aún tiene que aguantar un par de años más —replicó el hombre.

De pronto vimos pasar una colchoneta inflable de color naranja y luego otra verde en forma de cocodrilo. Luego un par de flotadores de cabeza de pato y luego unos bodyboards (hay que ver qué cosas me ha dejado grabadas mi madre en el subconsciente). Luego pasó un chino haciendo muchos aspavientos que nos empezó a dar pena enseguida.

—Es el chino de la tienda que hay en la calle un poco más arriba —apuntó el señor.

49

—Qué pobre —dijo la señora—. Se ve que ha sacado el género a la acera cuando llovía menos y ahora le ha pillado la tormenta de sopetón, llevándoselo todo por delante antes de que pudiera meterlo dentro.

La verdad es que era entretenido ver al chino de un lado a otro, ora a pata, ora a nado, como quien dice, tratando de agarrar el género que se le escapaba calle abajo. Hubo un momento en que tenía cogidos entre los brazos las dos colchonetas, tres flotadores, dos bodyboards y una tumbona. Pero de pronto debió de meter un pie en una alcantarilla, o algo así, porque desapareció de cintura para abajo y el género se le volvió a escapar de entre las manos.

—Anda, baja a echarle una mano, que me está dando pena el chino ese —le dijo la señora al señor.

—¿Yo bajar ahí? —puso el señor cara de espanto—. ¿Y con lo que llueve? ¿Tú estás de coña?

Pero no estaba de coña la señora, y como le miró con cara de ir a llamarle "tío patético, mequetrefe, que no eres capaz de echarle una mano al prójimo ni de casualidad", el señor sopló entre dientes y con mucho disgusto se fue a su cuarto a vestirse corriendo para ir a ayudar al chino.

—¡Y date prisa, que tiene pinta el chino de ahogarse de un momento a otro! —le gritó la señora sin dejar de mirar por la ventana.

Yo, mientras, seguía encantada viendo llover de esa forma tan animal y me preguntaba si el señor sería capaz de sacar al chino del atolladero. Pero cuando así me encontraba, ocurrió lo que menos me esperaba. Resulta que la niña requetebuena se había fijado en mí y, de pronto, le oí decir:

—¡Te atrapé!

La niña había hecho cuchara con su mano y la había pegado al cristal, quedando yo en el hueco. Otra vez por tontorrona. Por más que tenga una grabado en la frente que una mosca siempre tiene que estar alerta, en mi caso veo que no vale de nada. Soy una calamidad. Cada dos por tres me descuido y aún no sé cómo sigo viva. En fin, que inmediatamente Pablito preguntó a su hermana que qué había atrapado.

—Una mosca —dijo ella—. La tengo aquí metida.

—¡Aplástala! —gritó Pablito.

Qué angustia sentí, oye. Pero lo peor fue que empecé a oír golpes en la mano que iban haciendo el hueco más pequeño, de suerte que hubo un momento en que di por hecho que moriría aplastada de veras.

—No quiero —dijo entonces la niña requetebuena—, y deja de darme golpes en la mano, Lolilla.

"Así que es eso —me dije, despavorida—. La puñetera niña del exorcista le está dando golpes en la mano a su hermana para aplastarme. Ojalá salgas tú a la calle y te aplaste una alquitranadora". Menos mal que en el crítico momento salió el señor a la calle y su madre se lo advirtió a los niños. Inmediatamente se olvidaron de mí, poniendo los ojos en su padre, y la niña requetebuena me soltó como si nada. Y como tenía más miedo que vergüenza, decidí largarme del cristal y poner rumbo a la cocina, a ver si allí me tranquilizaba y, de paso, llenaba el buche.

Fue aquella una buenísima idea, pues en algún momento alguien, supongo que la señora, había colocado sobre la mesa unas magdalenas bastante ricas. Así que me pegué un buen atracón mientras oía gritos de fondo tanto de la señora como de los niños. "Seguro que el pringao del señor se está ahogando para salvar un par de colchonetas", pensé. En cuanto me hinché de magdalena me fui directamente al techo y me quedé amodorrada durante un largo rato. Cuando me desperté, salí de la cocina y me topé con los niños jugando al parchís y a la señora hablando por el móvil, todos ellos en el salón. Y como cada vez soy más cotilla, me posé en el pelo de la señora y puse la antena para enterarme de la conversación.

—Ya ves, mamá —decía, se ve que a su madre—, a quién se le ocurre, con lo que estaba lloviendo, salir a la calle a coger un par de colchonetas para ayudar a un chino…

—¡Pero si le obligaste tú, que eres una "ordeno y mando" insoportable! —grité yo, infructuosamente.

—Y no es sólo el golpetazo que se ha dado en la rodilla con el bolardo —seguía la señora contándole a su madre—, es que el tonto de Dios se fue corriendo al coche para coger una cuerda que tenía para hacer un hato con las colchonetas, los flotadores y demás, y con las prisas se dejó la puerta del coche abierta, y mira ¡ha entrado una cantidad de agua que no sé yo si va a arrancar cuando lo tengamos que arrancar! —luego no sé qué le dijo su madre, pero ella añadió—: uf, si es que como se cayó de bruces ha tragado muchísima agua, llena de mierda según él... y vamos, que ahora está en la cama que parece un cadáver.

Al escuchar aquello, me fui volando al dormitorio de los papis y, efectivamente, me encontré al señor tumbado en la cama con una bolsa de hielo en la rodilla izquierda y una cara como de descompuesto que no podía con ella. Si hasta me dio un poco de pena. De hecho, me posé sobre su mejilla y empecé a caminar por su cara, para tratar de animarle un poco, pero no hizo ni el menor amago de espantarme.

Después de un rato un tanto aburrida, limpiándome a fondo en el lóbulo de una oreja del señor, volví al cuarto de estar, a ver qué hacían los niños. Me los encontré discutiendo porque, al parecer, Lolilla estaba haciendo trampas al parchís. Según la niña requetebuena, su hermana contaba treinta en vez de veinte cuando se comía a alguien y además movía el dado con el dedo para que saliera lo que quería. Pablito, como era muy pequeño, no se enteraba aún de las malas artes de su hermana.

—¡Anda, tramposa —dije yo—, que no tienes clase ni para ganar al parchís!

Después se produjo el momento cumbre del día. Estaba yo viendo a las niñas discutir, cuando llegó la madre, que estaba con la tele puesta, y al empezar la música del Telediario va y dice:

—Uy, si ya son las tres. Me voy corriendo a hacer la comida.

—¡Dios mío, las tres! —grité yo, dándome con una pata en la frente. Eran las tres de la tarde. O sea, que en esos momentos cumplía yo una semana de vida. ¡Una semana! Casi nada, teniendo en cuenta que una mosca que se muere de vieja vive tres. Alcanzar la semana de vida para una mosca es un hito, un hecho a celebrar por todo lo alto. No tengo ni idea del porcentaje de moscas que llega a la semana de vida pero seguro que es pequeñísimo sobre el total de las que nacen. De hecho, lo primero que se me ocurrió fue tratar de recordar las veces que me han intentado matar o comer desde que nací, y conté casi ochenta. Si es que en cuanto sales a la calle y te echas a volar ya están los pájaros intentando comerte. Si se pasa una el día esquivando a la de la guadaña. ¡Madre mía, una semana de vida! "Ya soy una mosca adulta —me dije—. Una mosca de pelo en pecho. Si un humano vive ochenta años de media, es como si yo ya tuviera veintisiete. A esa edad, si yo fuera humana ya estaría trabajando. Y cuántos recuerdos tiene una ya; cuántas vivencias. Si parece que fue ayer cuando me vine a Asturias de vacaciones. Desde luego, pasa el tiempo a la velocidad de vértigo".

Todo eso, y más cosas, pensé a cuenta de mi semana de vida, pareciéndome lo propio buscar algo rico que llevarme a la boca para celebrarlo. Así que me fui a la cocina, donde ya estaba la señora manos a la obra, y no tardaron mis múltiples ojos en divisar unos filetes de ternera recién salidos de la nevera sobre unos papeles de cocina. Y a por ellos que me lancé, toda ansiosa, antes de que los metiera en la sartén. Como no había tiempo que perder, succionaba a unas velocidades de MotoGP, aunque me pudiera sentar mal al estómago (bueno, el estómago es un decir, pero es lo que me ha dejado mi madre grabado en el subconsciente). Sin embargo, tuve suerte porque de pronto Lolilla y la niña requetebuena empezaron a discutir a gritos a cuenta de las constantes trampas que hacía aquélla en el parchís y tuvo que acudir la señora a poner orden. Cuando volvió a la cocina, tenía yo ya la barriga de filete a rebosar. "Hale —pensé—, ya me puedo ir a echar la siesta". Y como me apetecía un lugar tranquilo, me fui al cuarto donde estaba acostado el señor, al que encontré tumbado en la cama, ahora de lado. Me posé en el respaldo de una silla, cerca de los pies de la cama, y le observé con atención. Se le notaba aún en la espalda el moratón que le hizo el pico del cisne de la patineta el primer día. También se le notaban todas las picaduras de los mosquitos. Y encima tenía ahora la rodilla inflamada.

—A ti te van haciendo falta unas vacaciones —le dije, aunque no sé para qué.

Luego me dormí una siesta antológica, de por lo menos media hora o tres, despertándome el chirrido de las bisagras del armario empotrado. La señora estaba vistiéndose y el señor no estaba ya en la cama. Yo, entonces, me fui a dar un garbeo y me encontré a los niños muy arregladitos y oliendo a colonia. Se veía a una legua que estaban esperando para salir de paseo. El señor también estaba vestido y sentado en el sofá del salón. Luego, salió la señora del dormitorio y dijo:

—Venga, vámonos; que aunque esté nublado no parece que vaya a llover y no podemos estar todo el día en casa.

El señor se quejó de que le dolía bastante la rodilla para decir a continuación que prefería quedarse en casa, pero la señora le recriminó su blandenguería y le dijo que seguro que andar le vendría bien y que si le dolía le estaba bien empleado. Yo no acabo de entender por qué le estaría bien empleado, pero en fin…

El caso es que se fueron de paseo y estuve a punto de irme con ellos, pero luego pensé que ya que había cumplido con éxito una semana de vida, lo mejor era no exponerme a lo bobo, que no en vano la muerte acecha en cualquier parte, y dejar lo de salir a la calle para el día siguiente. Así que me quedé de mosca guardiana del hogar, posada tan tranquila en la pantalla de la tele, que es como un lago negro sólo que vertical.

Entonces pasó lo que no me esperaba. De pronto oí que se abría la puerta de la casa. "¡Tate! —me dije—. O se les ha olvidado algo o es el paseo más corto que he visto en mi vida". Pero qué va, oye. Ni una cosa ni la otra. De pronto entró en el cuarto de estar una señora ya mayor, delgadilla, un tanto encorvada, con carita de buena pero no tanto.

—¿Y usted de dónde sale? —le pregunté, aunque no me hizo el menor caso.

De dónde salió, sigo sin saberlo, aunque es evidente que abrió con llave, luego relación con la casa seguro que tiene. Bueno, pues la muy ladrona de ella, empezó a fisgar con mucho cuidado por todas partes, sin que yo le quitara ojo, claro. El caso es que en el dormitorio de los señores encontró un sobre con quinientos euros. Lo sé porque los contó dejando billete tras billete encima de la cama. Pero no se lo quedó todo, no. La muy prutuña se quedó con cien y dejó cuatrocientos. "¡Qué astuta!", me dije. Si se lo lleva todo está claro que los señores pensarán que les han robado, pero si sólo les faltan cien, para empezar lo mismo no se dan cuenta hasta pasados unos días, y para seguir, pueden creer que se les han perdido o algo así.

—Ladrona mala; ladrona mala —le dije a la cara, so riesgo de que me matara de un manotazo—. Qué pena que no sea yo un mastín o un dóberman. Te destrozaría la cara a mordiscos.

En fin, que la señora se fue dejándolo todo como si no hubiera estado. Tengo un disgusto enorme. Y la familia sin venir. Supongo que se habrán quedado a cenar en algún sitio. Pues venga, yo ya he tenido suficiente por hoy. Mañana más.

DÍA OCTAVO

Esta noche he dormido fatal y creo que hasta me he levantado con ojeras. Al rato de dormirme, tan feliz entre las barras del radiador de la cocina, me despertó un tintineo de llaves y el chirrido de la bisagra de la puerta de la calle, seguido de pasos sigilosos. Me puse nerviosísima pensando inmediatamente que era la vieja ladrona otra vez, dispuesta a llevarse el resto del dinero y arramblar con todo lo demás. Mi reacción fue echarme a volar, gritando a los cuatro vientos:

—¡Ladrona mala, ladrona mala! ¡Socorro, que alguien me ayude!

Pero resulta que cuando entré en el pasillo me topé con toda la familia. El señor llevaba en brazos a Pablito dormido, la señora hacía lo propio con la niña del exorcista, mientras que la niña requetebuena caminaba detrás de ambos como un alma en pena. No sé dónde habrían estado, pero se ve que era tardísimo y los niños pequeños se les habían dormido por el camino. En un periquete les pusieron el pijama y los metieron en la cama. Luego, la señora se fue también a dormir, pero el señor dijo que estaba desvelado por haberse pasado todo el día en la cama y que se iba a quedar viendo la tele un rato. El caso es que yo me desvelé también, sin dejar de pensar en el robo, así que me puse a ver la tele posada en el hombro del señor. Echaban una película de Harry Potter en la que salían una especie de fantasmas negros y como a medio hacer, llamados "dementores", que ponían los pelos como escarpias. Y también salía un tal Voldemort, que a su lado la niña del exorcista es una criatura candorosa. Total, que el señor se fue a la cama a las tantas y yo me quedé en el salón, tratando infructuosamente de dormir encima de un brazo de la lámpara del techo, cagada de miedo y esperando ver en cualquier momento aparecer un dementor de esos. Y nada, que así no había manera de pegar ojo. Luego que si una moto, que si otra, que si el camión de la basura, que si un coche con la música a todo volumen, que si la señora se levanta a hacer pis, que si el motor del frigorífico se pone a rugir, y yo qué sé que más. Y todo sin dejar de pensar en los dichosos dementores esos del demonio. Al final, cuando por fin me invadió el sueñito, empezó a entrar la luz por la ventana de la cocina y ya no hubo manera. Y al cabo de un rato, un cuarto de hora calculo yo, aunque igual fueron dos, pasó una furgoneta con unos altavoces y un tipo empezó a desgañitarse diciendo que tenía los mejores melones de toda La Mancha y que por cinco euros te daba dos melones como dos soles. Entonces apareció la señora en chándal, echó mano del monedero, cogió un billete de cinco euros y corrió a comprar un par de melones gloriosos.

—Qué ricura de melón —dije yo—. Hale, hale, corre, guapa, a por un par de melones. Ya que no he pegado ojo, por lo menos a ver si desayuno melón.

Le tengo especial predilección al melón, que no en vano fue el primer alimento de mi vida. Al poco rato volvió la señora con los dos melones y los dejó en la cocina, donde me quedé yo, presta a palparlos, mientras ella se encerraba en el cuarto de estar a leer esa novela que se trae entre manos, con la que, por cierto, no deja de reírse, la muy cachonda. Yo, entonces, me posé en uno de los melones y me lo recorrí por aquí y por allá hasta encontrar ciertas pegajosidades que sin ser nada del otro jueves se podían chupar.

—Uy, qué sosito está esto —dije, de cara a la galería—. Este melón está pepino. Si me hubiera dejado escoger a mí le hubiera ido mejor.

Una de las cosas que me ha dejado mi madre grabadas en el subconsciente es que para saber si un melón está maduro hay que ver su tamaño, cogerlo y calcular a ojo el peso ideal que debiera tener. Si se amolda el peso al tamaño, la cosa va bien. Luego, mirar lo amarilla que está la punta por la que se ha cortado. "Cuanto más amarilla, hija mía, mejor". Lo que no tengo claro es si un día podré yo coger un melón al peso. Pero bueno, lo cierto es que con esas pegajosidades insulsas pude desayunar, entrándome luego un sopor tal que me quedé dormida en el melón hasta que la niña del exorcista apareció en la cocina y me despertó con su vocecilla maléfica. Abrí un ojo y me pareció que la cabeza le daba dos vueltas sobre el tronco, aunque creo que fue un espejismo. Luego entraron Pablito y la niña requetebuena y todos se sentaron a la mesa a esperar a que sus padres les pusieran el desayuno. El padre entró, cojeando visiblemente, y sacó la leche y el Colacao. Luego llegó la madre.

—Venga, chicos —dijo, de muy buen humor—, que hoy por fin hace bueno. A ver si podemos aprovechar bien el día de playa; que mañana ya nos vamos.

Entonces a la niña del exorcista le dio un berrinche y se puso a gritar como una posesa que ella no se quería ir de allí y que se tenían que quedar por lo menos una semana más. Lo demás ocurrió deprisísima: me vio, cogió un trapo de cocina que tenía al lado y la muy cruñosa le soltó un latigazo al melón donde yo descansaba, sin otro ánimo que mandarme al otro mundo. Menos mal que falló, pero el melón le cayó al señor en el dedo gordo del pie. ¡Qué grito pegó! Luego soltó un exabrupto y le dio una merecidísima cachetada a la niña en toda la cocorota.

—Anda, llora, llora —le dije a la Lolilla, que no paraba de llorar por el caponazo—. Y ojalá te hubiera clavado en la cabeza un destornillador. Y otra vez te desahogas de tus frustraciones tirándote por una ventana, niña del demonio.

Con el susto en el cuerpo salí de la cocina volando y me fui al salón, a tranquilizarme un poco. Como la ventana estaba abierta, salí fuera para que me diera el aire. "Venga, un paseo matutino seguro que me viene bien", pensé.

La verdad es que hacía un día soleado, fresco y agradable. Respiré un poco a pleno pulmón y me sentí mejor. Volé sin ton ni son pero sin alejarme mucho de la fachada del edificio, posándome aquí en un ladrillo, allá en una ventana, y acullá en un alféizar. Y resultó que cuando estaba precisamente sobre el alféizar la vi a ella.

—¡Ladrona mala, ladrona mala! —grité a diestro y siniestro.

Esta vez sí que me oyó alguien, en concreto una mosca verde que andaba por ahí buscando a unas sobrinas que le habían dejado a su cargo. Como le entró la curiosidad por mis gritos, le conté que aquella vieja infame había robado a la familia que vivía en el piso de arriba, con la que estaba yo allí pasando unos días de vacaciones.

—No me extraña nada lo que me cuentas —me dijo—. Si algo me ha dejado mi madre grabado en el subconsciente es que esa vieja es una ladrona. Hace lo mismo con todos sus inquilinos desde hace décadas.

En ese momento la vieja abrió la ventana y mi amiga y yo salimos volando espantadas, aunque inmediatamente volvimos al mismo sitio.

—¿Entramos un rato a dar la murga? —me propuso entonces.

—Me da miedo la vieja —le dije yo.

—Más me da a mí, que soy verde, y como damos mucho más asco nos persiguen con mucha más inquina para matarnos. Pero, venga —me trataba de animar levantando las cejas y estirando la trompetilla—, que una mosca que no incordia ni es mosca ni es nada.

Total, que entramos dentro y pasamos directos del dormitorio al pasillo y de allí a la cocina. La vieja no estaba, así que la buscamos por el resto de la casa. Como tampoco la encontramos, llegamos a la conclusión de que estaba metida en el cuarto de baño, cuya puerta estaba cerrada. Yo entonces propuse esperar posadas en el marco de la puerta del baño a que saliera, pero entonces mi colega tuvo una idea feliz.

—Mira, si te has fijado, tiene preparado el desayuno en la cocina. Seguro que cuando salga va derecha a comérselo. Como en el solar de al lado hay un gato muerto de hace cinco días que está atiborrado de colegas poniendo huevos y demás, te propongo ir allí, embadurnarnos bien de bacterias y volver aquí con refuerzos para pasearnos y restregarnos bien por la cucharilla y las galletas. A poco que se dé bien la cosa, puede acabar la vieja con una diarrea monumental.

Dicho y hecho. A los cinco minutos estábamos de vuelta las dos acompañadas de un moscardón medio tonto y guarro como no lo había visto en mi vida, que se prestó a echarnos una mano con mucho regocijo. Cuando escuchamos los pasos de la vieja, salimos los tres pitando por la ventana. Y allá quedó eso. Luego, nos despedimos y yo corrí a asearme de arriba abajo, porque me había zambullido en las tripas del gato muerto hasta la punta de las alas. Estuve limpiándome por lo menos un minuto o noventa. Cuando volví por fin a casa, la señora estaba embadurnando a los niños con crema solar.

—Bueno, pues hale —dije, muy contenta—, vámonos a la playa por última vez en la vida.

Salimos los seis por la puerta ansiosos ya por llegar, sobre todo los niños. Cada uno de ellos iba tan feliz con su gorrita, su cubo y su pala y su rastrillo y su malicia. El señor dijo, nada más cerrar la puerta, que mejor bajar en ascensor, que le seguía doliendo la rodilla, pero la señora dijo que nones, que por las escaleras. El caso es que se pusieron a bajar bastante atropelladamente, tanto que el señor le pisó la chancla por detrás a la señora justo cuando ella iba a echar el pie hacia delante, con lo que la chancla se fue a tomar por saco. Hay que ver cómo se puso la señora.

—¡Desgraciao, que me has pisao la chancla y me la has escachao! —le gritó ella.

—Pues si hubiéramos bajado por el ascensor no hubiera ocurrido esto —se defendió el señor.

—Y si miraras por donde pisas, tampoco. Ahora te va a tocar irte al chino a comprarme unas, mientras yo te espero abajo con los niños.

Yo me fui entonces con el señor a comprar las chanclas, un poco por hacerle compañía, otro poco por visitar un "chino", y otro poco por estar lo más lejos posible de la Lolilla, a la que he cogido un miedo casi supersticioso. Me quedé pegada de la cantidad de cosas que puede haber en un chino y me pregunto si alguna vez las venderá todas, o incluso la mitad de la mitad. El señor empezó a ver chanclas, una palabra ésta que me parece como muy china, mientras yo me daba unas vueltas por los pasillos. El chino estaba lleno de chinos, uno en la puerta, otro en la caja, otro en un pasillo, otro en otro, y otro reponiendo género. Además había muchas cámaras y muchas pantallas junto a la caja. Vamos, como para robar allí. Al final el señor se decidió por unas chanclas de dedo con unos floripondios horrorosos.

—Esto es imposible que le vaya a gustar a tu mujer —le dije, aunque no me pudiera oír.

Efectivamente, la señora abominó de las chanclas en cuanto las vio, llamándole "hortera sin remedio" cuatro o cinco veces.

—Anda, quédate aquí y déjame las tuyas, que voy yo al chino a cambiarlas por unas potables —le ordenó con su humor habitual.

Ya en la playa, anduve yo otra vez rondando el chiringuito del primer día, donde me puse otra vez hasta arriba de fritanga de calamares. Allí me encontré casualmente con el moscón que conocí esta mañana, que me recomendó vivamente probar un gin-tónic que se estaba tomando un joven en el chiringuito de al lado.

—Está que te mueres —me dijo—. Ven, que te llevo hasta el néctar.

Me fui con él. Nos posamos en el borde de la copa y empezamos a succionar. Sabía a azuquítar que daba gloria. De pronto, el chaval pegó un manotazo en el propio borde de la copa y el moscón cayó dentro. Yo me posé en la esquina de la mesa, muy apesadumbrada viendo al moscón flotando en el gin-tónic.

—¡Súbete al hielo! —le gritaba con el corazón en un puño.

Pero el moscón no sabía nadar y se limitaba a flotar a la deriva. Entonces ocurrió algo horroroso. Resulta que el chico del gin-tónic estaba con un amigo, y fue el amigo, un truñapo de lo peor, y le dijo que si era capaz de beberse el gin-tonic con el moscón dentro, le pagaba otro. Y el tío se lo bebió. Qué impresión, Señor. Ahora, estoy segura de que si el chico hubiera sabido de la cantidad de mierda que tenía el moscón encima no se hubiera atrevido ni remotamente.

Después de aquello necesité una hora o seis de siesta reparadora para recobrar el sosiego. Hacía de bochorno en la cocina del chiringuito, pero el lugar me pareció bastante seguro. Además, había mugre por todas partes, lo cual para mí genial, pero creo que aquella cocina no pasaba una inspección de Sanidad ni con varios sobornos.

Cuando me desperté, me fui volando a buscar a la familia, pero no la encontré por ningún sitio por más vueltas que di por el lugar donde estaba segura de que habían colocado la sombrilla. El caso es que por la ubicación del sol estaba claro que no podía ser muy tarde, así que me extrañé mucho. Al final, descubrí lo que había pasado por un comentario que le pude oír a una señora, que le dijo a otra:

—¿Te acuerdas del señor aquel que le cayó la patineta encima el otro día? Pues hoy se ha ido a bañar y cuando se ha dado cuenta tenía una medusa enredada entre las piernas. ¡Menudos ronchones! —rebufaba la señora—. Se ha tenido que ir toda la familia corriendo a Urgencias.

Con mucha preocupación, volví yo corriendo a la casa, entrando por la ventana del dormitorio de los niños, pero allí aún no había nadie. A falta de algo mejor que hacer, me dediqué a hacer tiempo chupando la tapa del cubo de la basura y limpiándome toda, hasta quedar impoluta. Cuando por fin llegaron los cinco, estaba amodorrada a más no poder. De todos modos, me dio pena verlos entrar en procesión, con las caras otra vez más largas que otra cosa. El señor caminaba como si tuviera las patas reblandecidas y se fue a la cama pasando por delante de mí. Le di las buenas noches y mis más sinceras condolencias.

—Tranquilo, macho —le dije—, que mañana nos volvemos al pueblo.

Bueno, ha estado bien la experiencia asturiana, pero empiezo a tener ya cierta morriña de mi tierra natal. A ver si volvemos sin sobresaltos.

DÍA NOVENO

Esta noche me ha sido imposible pegar ojo. Y empiezo a estar preocupada. Le he echado una ojeada al diario y resulta que de ocho noches que llevo vividas, sólo un par de ellas he logrado dormir las ocho horas de rigor que recomiendan las moscas que entienden de esto. Llevo ya varios madrugones y varios días que he dormido fatal. Como siga así voy a empezar a tomar cosas para dormir. Mi madre me ha dejado grabado en el subconsciente que no hay una familia española que no tenga una buena farmacia en su casa, así que no creo que tenga problemas en encontrar por ahí Soñodor, Lexatín, cloroformo o similar. El caso es que el señor se ha pasado la noche entre ayes y gemidos, encendiendo la luz cada dos por tres para ir al baño a darse friegas con agua fría en los muslos, que tenía, por cierto, rojos como tomates; y así es imposible dormir. Y no dejaba además de quejarse, haciendo luego vaticinios que me ponían los pelos como escarpias.

—Y encima mañana tengo que conducir —decía—. Me estrello seguro…

Con tal convicción leía el futuro que me planteé muy seriamente la posibilidad de no montarme con ellos en el coche y tratar de volver a casa por otras vías, como el autocar, un cohete o haciendo autostop. Pero al final pensé que aunque se cayeran por un barranco abajo, lo más probable era que yo pudiera salir viva del coche, y podría quizás acercarme volando al pueblo más cercano a pedir auxilio. Porque, a decir verdad, le he empezado a coger cariño a esta familia. Bueno, a todos no, entiéndaseme, pero a casi todos sí. Por eso, después de darle muchas vueltas, acabé por convencerme de que realmente me podían necesitar si se producía un percance. "Es verdad que una, en su insignificancia, poco puede hacer, pero nunca se sabe", me dije.

Total, que cuando ya estaba a punto de quedarme roque en el borde de la mesa de la tele, una vez más apareció la señora para hacer añicos mis dulces sueños, subiendo la persiana y abriendo la ventana. Entró entonces la luz del sol a lo bestia y respiré de golpe el aire fresco matutino con ese inconfundible olor a mar. La señora tenía una maleta en la mano, que colocó encima del sofá. Luego se fue a su cuarto y volvió con otra, dejándola abierta encima de la mesa de centro. Empezó entonces a ir de un cuarto a otro, haciendo acopio de ropas que guardaba en las maletas. Me recordó mucho a mí, con tantas idas y venidas. Sólo le faltaba chocarse contra el cristal de una ventana o posarse en el techo para ser como una mosca de verdad. Entre tanto, a mí se me cerraban los ojillos de lo rendida que estaba.

Pero tocaba despedirse de las moscas del lugar, con las que tantas migas he hecho durante estos inolvidables días en Asturias. Así que me fui a la cocina y me metí de cabeza en la taza donde la señora se había tomado su café matutino. Me puse de cafeína hasta el abdomen, despabilándome enseguida. Luego, como me entró el hambre, hice una parada sobre un papel de plata que tenía restos aceitosos con buena pinta. Sabían fatal, pero me los comí a falta de algo mejor. Cuando terminé de succionar, me di una vuelta a patita por la encimera, topándome con una cajita en la que había más papeles de plata de esos pero con forma de bala del calibre nueve. En la caja ponía "supositorios de glicerina".

—¿Qué será eso? —me dije, mientras echaba a volar—. Mi madre no me ha dejado nada grabado en el subconsciente que contenga la palabra "glicerina".

Oye, no me dio tiempo ni a terminar la reflexión. Sólo sé que un instante después me dio un apretón horrible que dio con mis huesos en el suelo, poniéndome a echar cagaditas a puñados, a lo que siguió un escozor en los bajos horroroso.

Cuando me recuperé, salí de casa por la ventana del salón y me fui derecha al gato muerto, a ver si encontraba a la mosca verde del día anterior. Allí me dijeron sus sobrinas que se la había comido un gorrión cuando les estaba explicando cuáles eran los pájaros más peligrosos y cómo ponerse a salvo de ellos. Aunque no las conocía, me despedí de ellas igualmente. El caso es que luego me dio por pensar en las moscas con las que había trabado cierta amistad últimamente.

—A ver —empecé a contar con las patas—: está la que espachurraron con la bandejita de la cuenta; está el moscón medio tonto que se cayó en el gin-tónic; está la mosca verde, que en paz descanse; están las que se refugiaron en casa el día que llovía a cántaros, pero a esas se las cargaron casi todas entre Pablito y la niña del exorcista.

Entonces me dio por pensar que todas mis amistades habían muerto y me entró una depresión de caballo, quedándome como atontada en la oreja del gato muerto, media hora o tres. De pronto me acordé de las moscas del contenedor, aquellas que me dieron a conocer la fabada asturiana. Me fui para allá a toda pastilla para ver si quedaba alguna. Pero nones. El contenedor, aunque abierto, estaba vacío y limpísimo. Se ve que el ayuntamiento le pegó un manguerazo, o algo así. Así que nada, que me tuve que volver a la casa sin poder despedirme de nadie.

Al entrar por la ventana del salón, me di cuenta enseguida de que había marejada familiar. La señora se estaba metiendo con el señor con sus maneras que ya podemos llamar "clásicas".

—Vamos a ver —le decía—, si has sacado quinientos euros del cajero y en el sobre sólo hay cuatrocientos es que has perdido cien por el camino. ¿Tan difícil es de entender, tontaina?

—Pero es que yo no he perdido nada; te lo garantizo —se defendía él—. Fueron de la ranura del cajero al monedero y del monedero al sobre. Y aquí está el extracto, que acredita que saqué quinientos. Así que se han volatilizado.

—El cerebro es lo que se te volatilizó a ti el día que naciste —le dijo ella, con ojos de Nosferatu.

—Pues yo los conté, siempre los cuento, y eran quinientos. Así que no sé adónde habrán ido a parar, pero yo no los he perdido —insistía él en su inocencia.

En cuanto me di cuenta del motivo de la discusión, me puse a gritar con toda mi alma delante de sus narices y en pleno vuelo.

—¡Ladrona mala, ladrona mala! ¡Ha sido la ladrona alquilona la que os ha quitado los cien euros! ¡Ladrona pruñona, croñota, trupeña y ñacrú!

La pena es que no me oyeran a pesar de que me desgañité al máximo. De hecho me quedé exhausta y tuve que posarme en el brazo de un sillón para recobrar el aliento. Desde allí, y sin decir ya ni mu, me limité a ver cómo terminaban de hacer las maletas y de poner orden en toda la casa, hasta que no quedó sino bajar los bultos al coche y abandonar el lugar. Poco después, estaban todos en la calle, salvo el señor, que se fue a devolver las llaves a la dueña ladrona y a pagarle la estancia. Yo, al principio, pensé en quedarme posada en el capó del coche, a la espera de que abrieran para meterme dentro, pero al final me fui con el señor por aquello de mover las alas y soltar algunas cagadas en cualquier comida que tuviera la ladrona por ahí, a ver si se cogía cualquier cosa. Pero resultó que cuando el señor llamó a la puerta, en vez de abrirle la ladrona, le abrió su hija.

—Hola —dijo el señor—. Soy el inquilino de estos días y venía a devolveros la llave y a pagaros el alquiler.

La hija nos dijo que pasáramos (bueno, en realidad sólo se lo dijo al señor, pero yo me di por aludida), conduciéndonos, a través del pasillo, al cuarto de estar. Por el camino nos dijo que su madre no le podía atender porque estaba en la cama con una diarrea descomunal.

—¡Toma, toma, toma! —grité yo, eufórica—. Ya sabía yo que aquel moscardón tenía mierda en el cuerpo como para hacer enfermar a un regimiento entero. Y raro será que no se haya cogido el cólera.

Ya en el cuarto de estar, el señor le devolvió las llaves de la casa y la hija dijo que le había dicho su madre que le tenía que dar quinientos euros y firmarle un recibí. El señor, entonces, sacó un sobre y empezó a dejar sobre la mesa del comedor billetes de cincuenta euros, uno detrás de otro, hasta contar diez.

Durante la operación de entrega de la guita, yo me puse a estorbar todo lo que pude, zigzagueando delante de los ojos de la hija como si estuviera poseída, hasta que ella se puso a dar manotazos delante de sus narices. Me estaba jugando la vida, pero me daba igual. Mi intuición me decía que tenía que hacer eso. Y cuando dejó de dar manotazos, tuve la osadía de posarme en el lagrimal del ojo derecho de la vástaga de la ladrona, que entonces giró la cabeza a un lado y se llevó el dedo al ojo para librarse de mí. Yo salí volando y ella empezó rascarse el ojo jurando en arameo contra toda mi especie. Entonces el señor me debió de leer el pensamiento, porque aprovechó la distracción de la hija para coger cien euros de los quinientos que acababa de dejar sobre la mesa, llevándoselos al bolsillo a la velocidad del rayo.

—Sí, están muy pesadas estos días las moscas —le decía a la hija mientras firmaba el recibí todo contento—. Hale, me voy corriendo que me está la familia esperando abajo.

Y todavía tuvo el tío el cuajo de despedirse dándole dos besos a la hija, para salir luego los dos de la casa casi a la carrera. Afortunadamente, la señora y los niños ya estaban dentro del coche, así que a los pocos segundos de abandonar la casa de la ladrona mala ya estábamos saliendo del pueblo. Al señor no se le iba de la cara una sonrisa de oreja a oreja.

—¿Sabes, querida, que al final resulta que había metido los cien euros que faltaban en el bolsillo pequeño del monedero? —le dijo de pronto a la señora—. Los metí ahí por si había una emergencia, pero luego se me olvidó.

—La única emergencia que hay es el Alzhéimer que empiezas a tener —le dijo ella, poniendo cara de vinagre.

La vuelta al pueblo ha sido una experiencia bastante lamentable, sobre todo hasta llegar al área de servicio donde nos detuvimos para que nos diera el aire. Resulta que con las prisas no me dio tiempo a acomodarme en el hueco que descubrí debajo del salpicadero y opté por el reverso del espejo retrovisor de la luneta delantera, un lugar bastante bueno, a priori, porque nadie me podía ver. Lo malo de aquel sitio es que era como ir en la punta del coche, con toda la inmensidad de la carretera delante de ti. Y eso me producía un vértigo horrible. Vamos, era como cuando Leonardo Di Caprio se puso en la proa del Titanic y extendió los brazos. Sólo que él no tenía alas y yo sí. Pero lo peor de todo ha sido ver esa gran cantidad de parientes de varias especies, amén de algunas colegas, estamparse contra el cristal. ¡Qué atropellos masivos, por el amor de Dios! Justo delante de mis narices se estampó una polilla africana, que no sé qué pintaba por el norte de León, como no sea por obra y gracia de esas bolsas de aire caliente procedentes del Magreb que últimamente nos asolan cada dos por tres. El caso es que dejó el típico manchurrón en el cristal que obligó al señor a accionar el limpiaparabrisas. Y claro, como parece que no hay nada de por medio, casi me dio un ataque, viéndome ya con las patas segadas por esa máquina infernal. Así que me fui volando de allí, presa del pánico. Inmediatamente la niña del exorcista empezó a decir que había una mosca y que bajaran las ventanillas para que se fuera, o sea, que me fuera.

—¿Y si abrimos la puerta y te tiramos a ti en marcha? —sugerí yo.

Menos mal que dijo la señora que no se podían bajar las ventanillas porque estaba puesto el aire acondicionado y así me pude esconder detrás del reposacabezas de Pablito, con más miedo que otra cosa.

Luego me dormí una hora o cuatro, que no lo sé muy bien. Sé que pararon en no sé dónde a ver no sé qué cosa para hacer algo de turismo, pero como yo estaba superamodorrada no quise moverme de donde estaba. Más tarde, cuando me desperté, estábamos entrando en un área de servicio. Allí nos bajamos todos a estirar las piernas y a comer algo, cosa que agradecí un montón porque estaba muerta de hambre. Sacaron una empanada y me puse de atún hasta las trancas. Además, al olor del atún se acercaron algunas colegas y pude hacer amistades con gentes de otras tierras. Algunas viajaban en coches tipo yo, otras lo hacían con camioneros y me pusieron al corriente de sus vidas y costumbres en lugares remotos.

—¿Has oído hablar de Schtoikov? —me dijo una, que viajaba con un camionero búlgaro.

Como le dije que no, me llevó a ver la cabina, donde el camionero dormía y roncaba con un estruendo como de aserradero. Allí vi un poster de aquel Schtoikov, con su camiseta del Barcelona.

—Pues mira —le dije—, esa camiseta sí que me la ha dejado mi madre grabada en el subconsciente.

También conocí allí a varias moscas que se habían asentado definitivamente en una zona entre zarzales donde los humanos se escondían para hacer popó y pipí. Alguna incluso me intentó convencer de que me quedara allí a vivir, porque era un lugar casi idílico, al menos a su parecer.

—Es verdad que está ya un poco saturado de tanto turismo, pero todos los días hay comida fresca y lugares ideales donde poner los huevos —me dijo—. Además, abundan los moscos solteros y tú ya tienes una edad.

Ese último comentario que me hizo me ha dejado traspuesta para todo el resto del día. ¿Qué es eso de que ya tengo una edad?

El caso es que, entre pitos y flautas, no hemos llegado al pueblo hasta casi la noche y ha sido entrar en casa con la familia y venirme un bajón espectacular. He cenado malamente y luego me he venido aquí, al aspa del ventilador del techo del cuarto de estar, a limpiarme bien, que estoy toda sudada del viaje. A ver si duermo de un tirón y mañana salgo zumbando a dar una vuelta por el pueblo. Que ya tengo ganas.

DÍA DÉCIMO

Esta noche me la he pasado en un duermevela total por culpa del bochorno. Madre mía, se acostumbra una a los veinte o veintidós grados de Asturias y, claro, luego vienes aquí, ¡y toma sauna! A las cuatro de la mañana estaba intentando, sin ningún éxito, accionar el ventilador del techo con ayuda de media docena de congéneres tan acaloradas como yo. Nos posábamos todas en el tirador de la cadena del ventilador y luego intentábamos empujar hacia abajo, pero no había manera. Yo creo que tendríamos que haber sido por lo menos trescientas, o a lo mejor dos mil, para haberlo logrado. Al final, claudicamos, jadeantes, y cada cual se volvió a su lugar a limpiarse e intentar conciliar el sueño. Y cuando por fin me dormí, apareció el señor con una linterna, despertándome de un fogonazo, el muy ñuqueño. Iba a la cocina, de donde salió con unos trapos mojados, que sacó del frigorífico. Luego se sentó en el sofá y se los puso en los muslos, donde todavía persistía el recuerdo de la medusa. Aprovechando la poca luz de la linterna, me acerqué al barómetro que tienen colgado en la pared. Como todo barómetro que se precie, tiene el cristal rajado y las agujas del tiempo y la humedad mirando a la Babia. Pero el termómetro funciona perfectamente, como todos estos termómetros de mercurio, que son un primor.

—¡Santo Dios —dije, espantada—, treinta y un grados! Hoy va a calentar lo que yo te diga.

El caso es que me quedé dormida de repente en el mismísimo tubo de cristal del termómetro, y ya no me desperté hasta que apareció la señora, liándose a subir persianas, a abrir ventanas y puertas para ventilar y a dar gritos para despertar a los niños.

—¡Venga, niños, que ya son más de las once! —decía, como si fuera una especie de sereno diurno—. ¡Ya tenéis el desayuno preparado en la cocina! —levantaba más aún la voz—. ¡Voy un momento a la panadería a por el pan y unos bollos de aceite!

Oye, fue escuchar aquello y entrarme el hambre del oso que sale de la cueva después de hibernar. (Por cierto, que durante el duermevela de esta noche me he pasado media hora o dos reflexionando sobre el oso, animal al que no conozco, pero que mi madre me ha dejado grabado con muchísimo detalle en el subconsciente, vaya usted a saber por qué. El caso es que he llegado a la conclusión de que es el animal más inteligente del mundo, incluyendo a los humanos. Sólo a un genio se le ocurre llenar la panza en otoño y echarse a dormir hasta la primavera, librándose de los rigores del invierno. Pienso en esos búfalos que salen en los documentales de la tele, echando vaho en enero en medio de las praderas atiborradas de nieve y, al compararlos con los osos, no puedo sino llamarlos tontos "cum laude"). El caso es que, muerta de hambre, vacilé si ir a la cocina a desayunar con los niños o irme con la señora y hacerlo en la panadería. Inmediatamente me acordé de la mosca de los bollos de aceite y, mira, me entraron tantas ganas de acercarme a saludarla y contarle algo de Asturias, que al final me fui con la señora.

Por la calle, no tardó la señora ni medio minuto en cruzarse con una paisana, amiga o lo que fuera, que sabía que había estado en Asturias.

—Encarnita —le dijo toda efusiva, como si se hubiera topado con Papá Noel—, que ya me han dicho que has estado en Asturias huyendo del calor ¿Y qué tal por ahí?

—Fenomenal —le respondió la señora, más efusiva aún—. Nos ha hecho buenísimo todos los días.

—Anda la otra —dije yo, que iba posada en el ala de la pamela de la señora—, si ha hecho malo la mitad.

Luego, la presunta amiga, que no sé yo por qué pero me dio en la nariz que le asaltaba la envidia, le dijo que de todos modos ir con esos niños de veraneo tenía que ser una película.

—Uy, qué va. Si mi Mariano es un sol y se hace cargo de todo —le espetó, con toda la cara—. Te aseguro que no he tenido que mover un dedo en los ocho días que hemos estado allí. Vamos, he estado como una reinona. A parte de que los niños, los pobrecitos, ya no dan ninguna guerra.

—Pero qué ocho días ni que ocho cuartos —dije yo, para nada, claro—; si han sido sólo seis, y escasamente. En cuanto a lo de los niños, guerra no dan, simplemente tienen instintos asesinos.

En fin, que se despidieron dándose dos besos y quedando para tomar un refrigerio por la tarde, no tardando ya la señora y una servidora ni dos minutos en asomar el hociquillo por la panadería. Allí busqué yo, volando a gran velocidad por todas partes, a la mosca de los bollos de aceite, a la que tardé en encontrar. Lástima que no estuviera viva. Estaba la pobre achicharrada en la esquina de una bandeja de las que se meten en el horno. "Demasiados días en la panadería como para no acabar teniendo un despiste fatal", pensé. Eso sí, estaba gorda como ella sola. Por lo menos disfrutaría de lo lindo de los bollos de aceite. Y a chuperretearlos yo me dediqué durante un buen rato, sustituyendo a mi buena amiga carbonizada, dejando que la señora se fuera e hiciera ya su vida, que a fin de cuentas mi familia era otra.

—¡Mi familia! —exclamé de pronto, con la trompetilla a rebosar de almíbar de bollo de aceite—. ¿Qué habrá sido de ellos?

Y sin perder un instante, salvo medio minuto o cuarenta, porque seguí succionando hasta que me harté, salí volando rumbo a la casa del señor Antonio y familia.

Durante el trayecto me perdí varias veces, teniendo que preguntar otras tantas. Tuve que descansar también sobre una piedra para reponer fuerzas, trabando conversación con una mosquita de sólo dos días de vida.

—La vida es maravillosa —le dije—. Te recomiendo vivamente que vayas a Asturias.

—¿A Asturias? —me dijo ella con carita dulce y cien interrogaciones en cada ojo múltiple.

Y ya le iba a meter mi rollo sobre Asturias cuando llegó una lagartija por sorpresa y se la comió a tal velocidad que dude un instante si la mosquita había estado allí o había sido un espejismo. Eso sí, me eché a volar espantada y con el corazón en la boca, de la impresión. "Más me valdría haberle recomendado estar siempre ojo avizor", pensé para mis adentros.

En fin, que al cabo de un montón de idas y venidas por el pueblo, que me ha parecido bastante más grande que cuando me fui, di por fin con mi casa solariega, volando toda contenta por encima de la tapia del corral. Y oye, fue toparme con ese paisaje corralesco, que tan asociado tengo a mi más tierna infancia, y sentirme invadida por un torrente de felicidad inefable. Allí estaban las gallinitas, los abrojos, los hierbajos, los geranios, la cesta llena de cabezas de ajo, el gallinero… y la moto ¡Si estaba la moto que el papa no le quería dejar a su hijo! Porque digo yo que esa sería la moto, ¿cuál si no? ¡Y tenía unas rozaduras por uno de sus lados horrorosas!

—Ya está —dije para mí, espantada—. Al final el Kevin se la pegó con la moto, seguro.

Como en el corral no había nadie, quise meterme dentro de la casa, pero no pude aunque la puerta que comunicaba aquél con ésta estuviera abierta, porque tenían la típica cortina de tirillas antimoscas, que es una invitación a no pasar. Y mira que lo intenté veces. Parece que hay hueco por aquí o por allí, pero al final siempre acabas estrellándote contra cualquiera de los muchos macarrones de plástico que tiene cada tira. Agotador, oye. El caso es que estaban dentro, discutiendo, y como se les entendía perfectamente, me posé en un macarrón verde y puse la antena, para cotillear un rato.

—Ay, papa, déjame ir a las fiestas de Viana esta noche con la Shanon —decía, o mejor, suplicaba con voz gorgorita el Kevin.

—No me da la gana, hijo —se negaba el papa—. Estás castigado por haberme escachado la moto.

—Si no me dejas me salto por la ventana y me voy con el primo Yónatan en el coche de su papa —insistía el Kevin.

—Pero si el Yónatan no tiene carné de conducir —decía el papa.

—Pues por eso, papa. Y menudo peligro tiene por la noche y sin carné. Por eso es mejor que me dijes ir con la Shanon en tu coche.

—Que no me da la gana. No haber escachado la moto —no condescendía el padre ni a tiros.

—Anda, Antonio, levántale ya el castigo al Kevin, que ya lleva tres días sin ir a ningún sitio y le va a dar un gimbiligele de tanto estar en casa sin salir —terció la mujer.

—¡Que no me da la gana! —y luego añadió el hombre un taco gordísimo, que me hizo echar a volar unos segundos para volver luego al mismo sitio.

Después de eso, salió la señora al corral con un cubo lleno de mondas variadas y las vertió por todas partes para alegría de las gallinas, que se aplicaron a ellas con entusiasmo. Y aprovechando el momento en que la señora se metía en la casa, me metí yo detrás. Dentro, el papa y el Kevin continuaban con su particular tira y afloja. De pronto, apareció la Shanon y la presión sobre el papa arreció.

—Venga, papa, déjale al Kevin que se venga conmigo a las fiestas de Viana. Que de noche todos los gatos son pardos y el Kevin me puede venir de primera para volver al coche donde lo haya aparcado —razonaba la Shanon.

—Ay, Antonio, pues eso sí es verdad —dijo entonces la señora, poniendo su granito de arena en la tarea de arramblar con la terca determinación del papa—. Mira que si la pasa algo a la Shanon por ir sola por ahí a las tantas de la madrugada. Que hay mucho borracho suelto y mucha violencia machista.

—¡Que no me da la gana! —gritó altísimo el papa—. ¡Iros todos por ahí y dejarme en paz!

De pronto me dormí sin saber ni cómo ni por qué, aunque sospecho que a medida que una se va haciendo mayor le empiezan a pasar este tipo de cosas. El caso es que cuando me desperté tenía un hambre que me moría, así que me fui a buscar condumio. Como ahora tenían abierta la ventana que daba al corral, salí fuera y me di un atracón regular con unas raspas de pescado que había en un plato y que supongo que la señora había puesto por allí para alimentar a algún gato. En el plato coincidí con cuatro congéneres, a las que por fin pude meter mi rollo sobre Asturias, dejándolas embobadas. Reconozco que me dio un gustirrinín enorme contarles mi experiencia. Si es que soy una vanidosilla de cuidado. Y lo mejor fue averiguar que ya se había corrido la voz y era una mosca famosa. De hecho, cuando alcé el vuelo y me di un par de vueltas o siete por el corral, me pareció que las muchas colegas que por allí había no dejaban de mirarme de reojo, señalándome con la trompetilla, llegando a oír una especie de murmullo mosquil en el que continuamente sobresalía una y otra vez la misma frase:

—Ha estado en Asturias, ha estado en Asturias, ha estado en Asturias…

Pero de pronto, entre todas esas frases hubo una que me conmocionó hasta lo más hondo.

—Quién pudiera ligar con esa mosca que ha estado en Asturias —dijo una voz de mosco supervaronil.

Y, claro, me ruboricé tanto que no dudé en marcharme inmediatamente del corral, metiéndome en casa otra vez. Del sofocón que me dio tardé bastante en reponerme, dedicándome a dar vueltas por el cuarto de estar y a caminar por el cristal de la mesa camilla hasta que me llegó el sosiego. Luego me fui a la ventana y caminé por el cristal otro rato, meditando mi condición de mosca exitosa que hasta los vuelve loquitos. Miré entonces hacia abajo y vi, en el carril de la ventana, que era corredera, varias congéneres muertas, entre marañas de pelusas de polvo, sobre fondo de mugre.

—La vida es breve —dije entonces para mí misma—. Hay que procrear.

Eché entonces a volar por la casa, buscando una salida que no encontré, hasta que al fin fui a parar al cuarto de baño, donde la Shanon se estaba arreglando para salir. "Mírala, qué guapa se pone —pensé para mis adentros (aunque los adentros de una mosca son muy poquita cosa)—. Ésta seguro que también quiere pescar novio. Pues voy a arreglarme yo también, a ver qué pasa". Así que, ni corta ni perezosa, me posé en el cristal del espejo para verme mejor al tiempo que no le quitaba la mitad de mis ojos múltiples a lo que hacía la Shanon. De esta forma, he aprendido a atusarme el abdomen, a hacerme las patas, a levantar coquetamente las alas, a guiñar la mitad de mis ojos múltiples y, sobre todo, a hacer morritos con la trompetilla; que todas esas bobadas, o sus equivalentes, estuvo haciendo la chica delante del espejo durante media hora o tres. Cuando por fin terminó la función, yo estaba extenuada, amén de hambrienta, así que me fui a la búsqueda de la cocina, donde me puse hasta donde yo te diga de salsa de callos con garbanzos que había en una pila de platos metida en el fregadero. Allí estuvimos cuatro congéneres analizando la jugada.

—Pues al final —dijo una— el Kevin ha logrado que el papa le deje ir a las fiestas de Viana.

—Bueno —dijo otra— más bien lo ha logrado la Dolores, que no ha parado de calentarle la cabeza a su marido hasta que se ha salido con la suya.

—Pues a ver a qué hora vuelven esos dos —terció otra, más vieja ya que la pana—. Si yo fuera su madre, no dormiría tranquila hasta oírlos entrar por la puerta.

En mala hora hizo ese comentario. Porque aquí estoy, en el techo de la cocina, sin dejar de mirar al reloj. Toda preocupada porque aún no han vuelto. Y son ya las cuatro de la madrugada.

DÍA ONCEAVO

Ya sé que debería escribir "undécimo", pero estos ojos múltiples que tenemos las moscas nos lo hacen ver todo como a cachos, entrando por cada ojúsculo una parte del total de lo que se ve. Y esto hace que me resulte más natural decir onceavo que undécimo o decimoprimero. Total, qué más dará. Si la cosa es que te entiendan.

Hoy me he levantado a la hora de comer. Bien es cierto que para una mosca todas las horas del día, y de la noche, son horas de comer. Pero bueno, lo que quiero decir es que cuando he abierto un ojo múltiple eran casi las tres de la tarde. También es verdad que a las ocho de la mañana aún estaba despierta. ¡Qué desarreglos horarios, Señor!

A las siete de la mañana, según un reloj de estos rococós dorados que son un atentado al buen gusto y que tiene la familia encima del frigorífico de la cocina, se presentaron el Kevin y la Shanon en casa. En cuanto escuché un ruido de motor escandaloso a más no poder, me asomé a la ventana, a ver si eran ellos. Efectivamente, lo eran. Llegaron los dos en un R-12 que tiene por lo menos las últimas treinta pegatinas de la Itv pegadas a todo alrededor de la luneta delantera. Pero lo importante es que llegaron sanos y salvos, aunque con unos manchurrones de limonada en las camisetas fantásticos. Sobre todos los del Kevin, que tenían restos de pulpa de limón y todo. Así que seguí al chico hasta su dormitorio y cuando se quitó la camiseta, dejándola hecha un burruño encima de la silla, corrí a darme un atracón de limonada y sudorcejo que estaba de chuparse las patas. La parte negativa del atracón fue que la camiseta desprendía un olor mareante que no me gustó absolutamente nada. Un olor que mi madre no me dejó grabado en el subconsciente. Después de llenar la panza, ya más relajada sabiendo que los chicos estaban en sus camitas, cerré los ojos para dormir un rato en el techo. Pero aún no me había dormido cuando abrió la puerta el papa, supongo que para comprobar si el Kevin estaba ahí, y le dijo a su mujer:

—Ahí está el chico, durmiendo como un angelito. Pero anda que no huele a porro ni nada en la habitación. Voy a tener que hablar con él, que a mí no me gusta eso de que ande con porros.

—¡Ajajá —exclamé, mirando al tendido—, así que así se llama ese olorcillo!

Aproveché entonces para salir del dormitorio y buscar otra estancia donde poder pegar ojo y no oliera a porro. El caso es que con el batir de alas y tal, me despejé un poco, y como vi que el señor Antonio y la señora Dolores andaban muy de acá para allá con cajas y más cajas, me entró la curiosidad por ver qué hacían.

—Hay que darse prisa —dijo él en un momento dado—, que a las diez quiero tener el puesto instalado en el baratillo.

La cosa era que no dejaban de meter cajas en una furgoneta blanca, matrícula LE-50233, que estaba aparcada a la puerta de la casa, detrás del R-12. Yo decidí posarme en un cable de la luz, dedicándome a asearme las entrepatas y demás, sin perder ripio de las idas y venidas del señor y de la señora, que no dejaban de meter cajas en la furgoneta. Se estaba bien allá, aún con la fresca del alba. De pronto, la señora Dolores dio un traspiés y se cayó al suelo, saliendo la caja despedida. Al instante, una lluvia de bragas inundó la calzada. Yo me quedé atónita.

—Ay, palomita, ¿te has hecho daño? —le preguntó él, mientras la ayudaba a levantarse—. Has embragado toda la calle.

La señora, de todos modos, se levantó con mucho desparpajo, defecándose (aunque no usó esa palabra exactamente) en el bordillo con el que se había tropezado.

Cuando por fin terminaron de cargar la furgoneta, cerraron las puertas traseras, se montaron dentro y se fueron. Y yo con ellos, "que a fin de cuentas —pensé— la vida son dos telediarios y nunca he estado en un baratillo". Por el camino pude comer algo de unos restos de nectarina que había en un lateral del asiento del copiloto. Y eso fue todo, porque me quedé dormida de forma fulminante. Es lo que tiene pasar la noche en vela.

Ya he dejado escrito que cuando me desperté eran casi las tres, o eso marcaba el teléfono móvil que había dejado el señor Antonio en el salpicadero. Para entonces, ya habían desmontado el puesto y estaban cargando cajas y más cajas en la furgoneta, así que me he quedado, para mi pesar, sin disfrutar de una mañana de baratillo. A lo único que me dio tiempo fue a darme una vuelta rápida para estirar las alas, pero no pude recrearme con nada. Además había muchas congéneres y a buen seguro que hubiera hecho buenas migas con algunas. Una lástima.

Ya de camino a casa, me empapé, bien empapada, de música de Los Chunguitos, hasta el punto de que me he pasado todo el resto del día tarareando algunas "joyitas" de música flamenca que supongo que estaré dejando grabadas en el subconsciente de mis descendientes, lo cual me hace mucha gracia. Ya me estoy imaginando a una mosca de dentro de cinco siglos cantando una de Los Chunguitos sin saber de dónde le viene.

Cuando llegamos al pueblo, salí de la furgoneta echando ciscos. Allí dentro hacía un calor de derretírsete el abdomen, aunque fuera no le iba a la zaga. Total, que busqué refugio en la primera sombra que vi, hasta que me di cuenta de que hacía igual de calor al sol que a la sombra. "Bueno —pensé—, como el calor no me lo va a quitar nadie, vamos a ver si picoteo algo por ahí". Y eché a volar en medio de la canícula en busca de vitaminas. No llegué ni a la acera de enfrente, del calor que hacía. Menos mal que divisé un caño y que alguien lo había usado hacía bien poco, porque había un charquito en el suelo, a la sombra del propio caño, en vías de evaporarse. Me posé en el borde del charquito, donde sentí un frescorcillo agradable. Pero entonces apareció una avispa. ¡Qué cosa más horrible, por favor! Lo curioso es que a mi edad no hubiera visto aún ninguna. Casualidades de la vida. Pero vamos, qué tía macarra. Llegó insultando e insultando se fue. Todo lo que salía por su boquita eran tacos y procacidades. Por algo se dice que las avispas están enguñonadas con el mundo. El caso es que tampoco me hizo nada y, en realidad, ni siquiera se dirigió a mí. Cosa, por otra parte, que ya sabía, porque mi madre me ha dejado grabado en el subconsciente que las avispas pasan de nosotras, salvo que las provoquemos, claro, y que su vida consiste en picar cuando les da la gana y, sobre todo, en hablar mal en el más amplio sentido de la palabra. En fin, que yo estaba allí, tan tranquila y, de pronto, viene la avispa, diciendo no sé qué de que se cagaba en no sé quién y que estaba a hasta los "esos" de la p. m. del calor que hacía. Luego se posó a mi lado y se puso a refrescarse las patas mientras soltaba unas obscenidades gordísimas que hirieron mi sensibilidad hasta el punto de que me tuve que ir de allí. ¡Qué cosa más chabacana y repulsiva de avispa!

Volando de sombra en sombra, logré llegar hasta la puerta del bar del pueblo. Me posé entonces debajo de una de las mesas de la terraza y esperé a que alguien saliera o entrara para meterme dentro, porque tenía cortina antimoscas. Pasó un rato y como nadie entraba ni salía, me empecé a impacientar. De pronto, un mosco se posó a mi lado. Y así, ni corto ni perezoso, fue y me dijo:

—Chata, ¿te acoplas?

Casi me da un patatús. Era un mosco feísimo. Tenía unas pelambreras en las patas infames, las alas contrahechas, un abdomen superfofo y una trompetilla con unas protuberancias asquerosas, que no sabría yo decir si eran simples granos o restos de comida. Lo único que se podía decir en su favor era que olía profundamente a boñiga de vaca.

—¡Vamos, ni aunque fueras el último mosco sobre la faz de la tierra!

—le espeté, echándome a volar como una kamikaze hacia la cortina antimoscas.

El caso es que el mosco salió detrás de mí, pero tuve la suerte de que en ese momento entró un señor en el bar, pudiendo yo entrar con él mientras que el mosco se estrelló contra la cortina. Como las alas me hacían cortocircuito del soponcio hube de posarme donde primero pillé, concretamente un periódico que había en un extremo de la barra del bar. Allí me entró un bajón horrible y me lo hice toda sobre una de las puntas del periódico. Me estuvieron temblando las canillas diez minutos o noventa. ¡Qué sofoco! ¿Pero de qué iba ese mosco? Vamos, pretenderme así, sin más miramientos. Sin un minuto de conversación de por medio. Qué paralís. Me tuve que quedar allí reponiéndome hasta que llegó un señor y cogió el periódico. Yo salí volando. Él se chupó el dedo índice y lo abrió cogiendo la primera página por el extremo donde yo me había ido por la pata abajo. Cuando se volvió a chupar el dedo para volver a pasar página, me reí un rato y me relajé.

—Hale, por quitarme el asiento; ahí va una diarrea de la casa.

Sólo entonces se me ocurrió darme una vueltecita por el bar. Para empezar había una humareda considerable, porque allí estaba fumando todo el mundo, fueran Farias o Ducados. Y eso que había carteles por todas partes de "prohibido fumar". El bar tenía un tamaño hermoso y había por lo menos treinta señores jugando a las cartas, en varias mesas. Vamos, que había varias partidas. También había algunas mujeres y no había ni una que no fumara. La algarabía era tremenda porque allí hablaba todo el mundo. Y hablaban altísimo. En la barra había asimismo unos cuantos señores tomándose sus cafés o sus copazos de Soberano o de Castellana, conversando unos con otros sobre cosechas, tractores y otras lindezas rurales. El caso es que el ambiente me resultó agradable. Se socializaba allí que daba gloria. Y hasta me hubiera dado envidia si no fuera porque las moscas somos seres completamente asociales; que cada cuál va a su bola, vaya, salvo cuando nos juntamos para comer, que entonces nos encanta el cotilleo, o en situaciones de extrema necesidad y siempre que no se note mucho.

Cuando me cansé de zigzaguear viendo el percal, me posé encima del aparato del aire acondicionado para descansar otro poco. Paisaje dantesco aquél. O sea, pelusas al tutiplén, capa de polvo clásica, ocho o nueve congéneres muertas desde el año anterior, por lo menos, y tres cadáveres fosilizados de arañas patonas que me dieron un enorme repelús. Obviamente, no era lugar para descansar sino lo imprescindible. Así que, recuperado el aliento, pensé en echarme a volar, cosa que no hice porque me quedé dormida veinte minutos o unas dos horas, vaya usted a saber. Pero vamos, en cuanto me desperté, despegué rauda y me fui derecha a posarme en el hombro del pobre Mariano, el señor que me llevó a Asturias, que aún tenía cara de no haberse recuperado de todas sus dolencias vacacionales. Estaba jugando al mus con tres señores y le iba mal. No tardé ni un segundo en darme cuenta de dos cosas: una, que sé jugar al mus muy requetebién, lo que me hace pensar que mi madre y demás ancestros frecuentaban este bar u otros parecidos. La otra, que Mariano jugaba de pena. Era de esos que se les ve de lejos lo que llevan, que no se marcan un farol ni amenazados de muerte y que sólo meten órdago cuando saben al cien por cien que lo van a ganar. Además daba pocas señas y mal dadas. Así que me puse manos a la obra, molestando a los contrarios todo lo que pude durante el tiempo que duró la partida. Creo que logré fastidiarles algunas señas, lo que unido a la mala suerte, que se cebó en la pareja que jugaba contra Mariano, hizo todo junto que mi hombre y su compañero ganaran por los pelos. Luego, cuando se levantaron, uno de los que perdió le dijo a su compañero, por lo bajinis:

—Me da vergüenza haber perdido con estos tíos tan malos.

—¡Coño —le dijo el otro—, y si tú me hubieras dado la seña de las medias que llevabas en vez de la de duples, la cosa hubiera acabado de otra forma!

—Ya lo sé —dijo el de la vergüenza, soltando un gruñido—. Te juro que fue por culpa de la mosca cojonera esa que no ha dejado de tocarme los "güevos" toda la partida.

Y yo partiéndome de risa en pleno vuelo. Luego, me dediqué a pasar el rato yendo de acá para allá, de partida en partida, a ver qué es lo que se decía por allí. Descubrí, para empezar, que no sólo sé jugar al mus, sino también al póquer, al julepe, al rami, al subastado y a la brisca. Y para seguir, que la hija de la Fermina está saliendo a escondidas con el sobrino de la genocida que casi me mata con el insecticida el primer día de mi vida.

—Ja, ja —me reí con estruendo, aunque nadie me oyó—, pues me alegro un montón. Y a ver si vivo lo suficiente como para ver el careto que pone la genocida cuando se entere.

De eso me enteré y de más cosas, todas ellas cotilleos de empaque, poniendo la antena en la partida de brisca, donde tres zagalas y un zagal se dedicaban más a rajar sobre el personal que a poner los cinco sentidos en las cartas. Pero en un momento dado, de la manera más tonta, me dio por echarme a andar hasta llegar al tapete verde y entonces ocurrió que el truchuño del chico me intentó estampar con el mazo de cartas, tratando, sin duda, de incorporarme de forma permanente a un tres de oros. Falló por un par de milímetros, no más, así que salí pitando de allí y aproveché que alguien salía para abandonar el bar, bajo el signo de la hambruna. ¡Cada vez que me intentan matar me entra un hambre que me muero!

Total, que salí del bar y me puse a buscar viandas como una loca, cuando de pronto la muerte vino de nuevo a visitarme en forma de balonazo. Fue tremendo. Había unos niños jugando al balón en la plaza y ¡zas! ¿Cómo iba a pensar, con lo grande que es la plaza, lo pequeña que soy yo y la velocidad a la que iba, que el balón me iba a impactar de lleno en pleno vuelo? Caí al suelo como una cosa tonta.

—Ya está —dije alto y claro, para que quedara constancia—. Hasta aquí hemos llegado. ¡Ven, muerte, a llevarme en tu seno al Cielo de las moscas, que seguramente será el infierno, pues ¿dónde si no podremos las moscas incordiar eternamente?

Pero resulta que no; que no me he muerto. Eso sí, he perdido el conocimiento tres horas o seis, que vaya usted a saber. Y ahora estoy en el suelo, en medio de la plaza, toda tarumba, sin fuerzas para volar, aunque a Dios gracias con la lucidez suficiente y las mañas necesarias como para escribir el diario de hoy. Todo está oscuro y desierto. Qué mal debo de estar que no tengo ni hambre. Bueno, voy a ver si duermo un poco; a ver cómo me despierto mañana.

DÍA DOCEAVO

Hoy no tengo gran cosa que contar, salvo que estoy muerta de hambre y que el día ha sido tremendo de dolores. De haber sido una humana me habría pasado todo el día en el hospital haciéndome pruebas. Como mínimo una radiografía integral y un TAC. Cuando me he despertado ya era día entrado y seguía tirada en mitad de la calzada. Milagro ha sido, y no otra cosa, que no me haya aplastado ningún coche y otro milagro más que haya podido alcanzar la acera andando poquito a poco. Allí, por fortuna, me he topado con medio churro aplastado con el que he podido reponer fuerzas; las suficientes como para echar a volar hasta el alféizar de una ventana donde había unos tiestos con peonías. Me he subido en uno de ellos a patita y me he escondido en el reverso de una hoja, para que no me vean los pájaros. Después me he vuelto a dormir ni lo sé las horas y cuando me he despertado ya era de noche.

Me he dedicado un rato a auscultarme, moviendo cada una de mis partes movibles, para ver qué tal responden. Lo que más me preocupa es que cuando muevo la cabeza siento un crujido y un dolor calambroso. También noto que veo raro con el ojo múltiple derecho. Por suerte, no parece que tenga ningún problema en las alas, o eso creo. Estoy hambrienta, lo que es buena señal, pero el cuerpo me sigue pidiendo descanso. Qué luna más bonita.

DÍA TRECEAVO

¡Qué disgusto tengo, por el amor de Dios! Pero vayamos por partes, que no me quiero dejar nada en el tintero.

Serían eso de las tres o las cinco de la madrugada cuando me despertó un ruido espantoso, como si tocaran las trompetas del fin del mundo. De hecho, como aún estaba en estado de shock por culpa del balonazo, pensé que es que me había muerto y lo que oía era el sonido ambiente del más allá. Pero no. Resulta que justo al lado de donde vive la señora de las peonías hay una trasera enorme y de allí salió una cosechadora del tamaño de la catedral de Burgos. Los chirridos de las bisagras de la trasera eran como los de las puertas de Mórdor; y del rugido del motor de la cosechadora mejor no hablar. No entiendo cómo permiten hacer esos estruendos a tales horas. Afortunadamente la cosechadora se fue, dejando, eso sí, un tufillo a gasóleo espantoso, y pude volver a conciliar el sueño.

Llegado el día, esta vez me despertó el hambre, cómo no. Abrí el ojo izquierdo, luego el derecho y entonces me di cuenta de que por este último el temita no va. A ver, algo veo, pero he perdido la típica visión nuestra, que enfoca de modo múltiple, como a base de celdillas. Si veo un objeto, veo ese objeto tal cual es, como si fuera un ojo humano, vaya. Y me resulta imposible acostumbrarme.

—Bueno —reflexioné en voz alta—, por lo menos tengo un ojo sano y no estoy muerta. En fin, vamos a ver si comemos algo.

Y entonces llegó el segundo disgusto. Eché a volar y me di cuenta de que, aunque puedo hacerlo, el ala izquierda me hace un ruido espantoso. Para que no me suene tengo que subir la pata del medio del mismo lado hacia arriba. El resultado es poco estético.

—Bueno —volví a reflexionar en voz alta—, por lo menos vuelo y no estoy muerta.

Como la ventana de las peonías estaba abierta, entré en la casa a buscar de comer y como lo primero con que me topé fue con un espejo que había en el salón, me posé corriendo para verme toda. Y entonces me vino el disgusto que no se me quita ni con agua caliente: tengo la trompetilla torcida.

—¡Ay, que me da un telele! Casi preferiría estar muerta —reflexioné en voz alta por tercera vez.

"Mayor desgracia no cabe —seguí reflexionando, pero ahora sin hablar— ¡Con la trompetilla tan sexy que tenía yo! Si fuera humana podría ir al maxilofacial, pero siendo mosca me toca aguantarme. Y encima en mi situación; que el tiempo apremia, se me pasa el arroz y aún no he encontrado mosco para procrear. Esto me ha pasado por tonta, que a fin de cuentas ya me lo dejó grabado a sangre y fuego mi madre en el subconsciente: "Tú procrea, hija, en cuanto el cuerpo te lo permita. Que el éxito en la vida de una mosca, como en el de cualquier bicho, reside en dejar vástagos en abundancia; por lo menos mil o más". Y yo, en vez de hacerle caso a mi madre, me he dedicado media vida a viajar por ahí (o sea, a Asturias), y a disfrutar curioseando en la vida de los humanos. Ay, tontorrona, tontorrona. Tú que te pensabas que habiendo ido a Asturias y estando cañón se te iban a rifar; y ahora, mira, a ver quién es el guapo que quiere acoplarse a una mosca con la trompetilla torcida".

En fin, que me quedé amustiada delante del espejo un rato, o sea, hasta que me volvió a entrar el hambre. Entonces me fui volando en busca de la cocina, no parando hasta que la encontré. A falta de algo mejor, y como tantas otras veces, me tuve que conformar con chupar el borde del cubo de la basura. Y chupando estaba cuando apareció una señora que se puso a preparar un desayuno bastante rico a base de leche, un donuts y chococrispis. Allá que me fui volando. Pero como se me olvidó levantar la pata izquierda del medio, me hice notar enseguida.

—Qué estruendo hace esa mosca —dijo la señora—; ni que llevase motor.

Y empezó, la muy froñeta, a dar manotazos para que me largara de allí, obligándome a claudicar y volver al cubo de la basura. Allí me dediqué de nuevo a chupar mugre hasta que apareció un chico de unos catorce años, en pijama, con los ojos legañosos y dispuesto a desayunar lo que le acababa de preparar su madre. Porque digo yo que la señora sería su madre. La cosa es que el chico apareció con un balón debajo del brazo y entonces me dieron los choques.

86

—¡Arrea —grité—. Ese es el balón maldito que me ha dejado tuertitranca y con la trompetilla torcida! —y luego, le clavé al chico la mirada en los ojos y añadí, a grito pelado aunque no me oyera—: ¡me las pagarás, ñumón!

Me di cuenta enseguida de que se había apoderado de mí un espíritu vengativo a más no poder. Y no debo de ser la primera a la que le pasa esto en mi árbol genealógico, porque inmediatamente me asaltó a la mollera la Ley del Talión: "ojo múltiple por ojo múltiple, trompetilla por trompetilla". Así que desde ese momento decidí no separarme de aquel chico ni un sólo instante, esperando la oportunidad para devolvérsela bien devuelta.

Pegado a la chepa del chico, como quien dice, lo seguí al baño y luego a su cuarto, donde se vistió de calle para salir con el balón. Pero su madre, ja,ja,ja, no le dejó salir.

—Luis —le dijo, muy seria ella—, no pretenderás ir a jugar sin haber tocado primero el piano.

—Ay, mamá —dijo él, con mucho enojo—, ya están todos mis amigos en la plaza. Odio tocar el piano. Y en verano más. Ya lo toco a la tarde.

—Sí, claro —puso las manos en jarras la madre, con la mirada cada vez más agresiva—. Eso dices todos los días; que vas a tocar a la tarde, y luego nada de nada. Tú lo vas a tocar ahora mismo porque lo digo yo, que para eso te hemos apuntado al Conservatorio este año.

Yo, entonces, me acerqué a su cara, petardeando con el ala izquierda, y sin dejar de hacer zigzags delante de sus narices, le dije toda ufana:

—¡Toma, toma, a tocar, por muruño! Y cuanto menos te guste, más me alegro.

El chico se puso de malísimo humor y me soltó un manotazo que me llegó a dar de refilón; no mucho, pero sí lo suficiente como para desorientarme y acabar chocándome contra el respaldo de una silla, cayendo acto seguido en el asiento. Me crujió todo el cuerpo, aún hecho polvo por el balonazo, y seguro que de haber sido Pablito o Lolilla me habrían espachurrado acto seguido, pero Luis estaba tan cabreado que ya no me prestó atención, por suerte para mi vida. Y allí me quedé, un poco traspuesta, hasta que me dio por ponerme a limpiarme de arriba abajo, tarea en la que estuve empeñada como un cuarto de hora o tres, mientras Luis se dedicaba, en otro cuarto, a tocar el piano.

—Toca endiabladamente mal —le dije a una mosca que casualmente se posó a mi lado—. Me alegro en el alma.

—Sí —dijo mi colega—, como para ir al Conservatorio. Va a durar ahí lo que yo te diga.

—Es que hay padres que no saben en qué malgastar el dinero —añadí yo—. O eso o esta tipa tiene tan mal oído que se cree que su hijo es Chopin.

—¿Y si nos acercamos a molestarle un rato? —me propuso de pronto—. Total, peor de lo que toca no lo va a hacer.

—¡Venga! —convine, ya recuperada.

Nos acercamos las dos, ella sigilosamente y yo poco menos que si fuera un taladro en acción, y fuimos a posarnos directamente en la partitura.

—Voy a dejar aquí unas cagadas en si bemol —dije yo, muy guasona.

—Pues yo un pentagrama.

El chico, entonces, soltó varios manotazos para echarnos de allí, cosa que logró pero sólo por unos segundos porque nos volvimos a posar enseguida en el mismo sitio. Y otra vez manotazos. Y otra vez al mismo sitio. Y más manotazos. Y más volver al mismo sitio. De pronto, cogió la partitura con las dos manos y la empezó a agitar como si quisiera avivar un fuego. Mi colega huyó al techo y yo pasé haciendo el mayor ruido posible con mi ala chunga al lado de su oído derecho para acabarle de desquiciar. El chico salió del cuarto del piano y como yo ya soy perra vieja también me fui, yéndome a posar en el techo del pasillo. Efectivamente, el muy croñete había ido a por un matamoscas, metiéndose de nuevo en el cuarto del piano y cerrando la puerta. "Ay, madre, mi nueva amiga —pensé preocupada—, como no se esconda bien, lo lleva crudo". Desde fuera escuché un par de veces el insufrible y fugaz chasquido del matamoscas. Pero lo cierto es que el tiempo pasaba y el chico no volvía a tocar, lo que era buena señal. De pronto otro chasquido y luego otro, y otro, y otro más.

—Ole y ole —dije yo para mí—. Le está toreando.

Y así estaban las cosas cuando apareció la madre por sorpresa, abrió la puerta del cuarto y empezó a chillarle al chaval.

—¿Se puede saber, hijo, qué estás haciendo, que hace ya un rato que no tocas? —se puso la señora en dos segundos hecha una energúmena—. ¿Y qué haces con ese matamoscas en la mano?

—Es que hay una mosca que no me deja tocar el piano —dijo el chico.

—¿Y por una mosca dejas de tocar? ¿Tú te crees que yo soy tonta o qué? ¡Pues estás castigado sin salir a jugar en toda la mañana! ¡Tú a mí no me tomas más el pelo! ¡Y vas a tocar hasta que te ardan los dedos!

Qué furia le entró a la señora. Por un momento nada más el chico me dio un poco de pena, pero inmediatamente me acordé de mi trompetilla y me entró un contento de cuerpo y alma. Y como las moscas somos así de imprudentes, en cuanto la señora hizo amago de irse yo me paseé una vez más por delante de la jeta del chico, haciendo porque se me oyera el petardeo del ala chunga todo lo posible.

—¡Te voy a matar! —me gritó.

Y empezó a lanzar zurriagazos al aire con el matamoscas, saliendo yo entonces despavorida del cuarto del piano y aprovechando una ventana abierta para salir a la calle. "Será mejor que me olvide del chico durante un rato y busque ya algo de comer, que tengo más hambre que un jamancio", pensé. Pero como la vida de una mosca va de sobresalto en sobresalto, oye, no había volado diez metros o veinticinco, cuando vi venir hacia mí un gorrión con una pinta de querer embucharme que no podía con ella. Metí entonces la primera y luego di marcha atrás, para girar de seguido y meter la directa rumbo a la ventana abierta más cercana. Según volaba hice el cálculo mental de la distancia, y ya me pareció que me daba tiempo a meterme en la casa antes de que el gorrión me echara el pico.

—Que me da, que me da, que me da. ¡Que no me da! —gritaba mientras volaba, zumbando como una loca.

Lo que pasó entonces fue tremendo. Resulta que la ventana era toda ella un cristal reluciente, invisible a la vista, de modo que en el momento en que ya me iba a cazar nos pegamos los dos prácticamente a la vez un peñazo contra el cristal de padre y muy señor mío. Bueno, el pobre gorrión se quedó allí para los restos, en la acera, a los pies de la ventana. Y en cuanto a mí, tengo que darle las gracias a Dios de que nos haya hecho de tal forma que es imposible que nos muramos al chocarnos contra cualquier superficie dura, sea cristal o sea lo que sea. De todos modos, del leñazo que me pegué caí redonda al alféizar y ya no me moví de allí en cuarenta minutos o cien. Y más me hubiera quedado de no ser porque las tripas me hacían ya un ruido horroroso. Así que toda quebrantada me di un garbeo por los alrededores hasta que me entró por la trompetilla el delicioso olor a boñiga de la casa del lechero.

—Vamos allá —dije, contentísima—. Y esta vez de circuito básico nada. Me voy a poner a reventar de caca de vaca.

Qué hambre tenía, pardiez. Creo que no he comido tanto ni con tanta ansia en toda mi vida. ¡Y qué manera de recuperar fuerzas! Si es que no lo hay como una buena boñiga de vaca para tonificarse, revitalizarse y purificarse, aunque esta última palabra no sé qué significa.

Una vez recuperada, me lo pasé la mar de bien en el corral del lechero con tropecientas congéneres jugando en los cuartos traseros de la vaca a "saltar el rabo". La vaca, claro está, movía el rabo para espantarnos y nosotras esperábamos hasta el último momento para echar a volar y evitar que nos diera un buen zurriagazo. La última en echar a volar conseguía un punto y la que primera llegaba a diez ganaba la partida. Es un juego muy divertido, aunque tiene el pequeño inconveniente de que la vaca te puede matar de un rabazo. De hecho mató a seis. Pero más allá de lo divertido que era el juego, me di cuenta de que había allí varias moscas que jugaban para echarle el ojo a moscos habilidosos y bien dotados que saltaban el rabo que daba gusto verlos.

—Ajajá —me dije por lo bajinis—, así que a sitios como estos se viene a ligar.

Y no había terminado de decirme aquello cuando ya le estaba echando el ojo a un mosco cañón que tenía conseguidos siete puntos e iba en cabeza. Me pareció que podía ser el perfecto padre de mis criaturillas, así que me acerqué un poco a él como quien no quiere la cosa. Pero entonces, se posó a mi lado otra mosca, nítidamente más joven que yo, y me dijo:

—Llegas tarde, maja. Ya he quedado con él esta noche en la boñiga esa que está al fondo. Además, ¿dónde te crees tú que vas con esa trompetilla torcida?

Y se echó a reír, la muy asquerosa. Aunque más me reí yo cuando al poco rato vi cómo el rabo de la vaca la hacía fosfatina. De todos modos tenía razón. Mucho mosco era ese para mí. Me tendré que conformar con algo más de andar por casa.

Luego llegó el lechero, se llevó la vaca y prácticamente todas mis colegas se fueron con ella. Yo por hoy ya he tenido bastante y en esta viga se está bien. Qué bien me vendría un nolotil.

DÍA CATORCEAVO

Esta noche he dormido otra vez de pena, para variar. De hecho, me he despertado tempranísimo con un ataque de ansiedad. La maldita mosquita de ayer, esa que me dijo lo de que adónde iba con la trompetilla torcida, me dejó fastidiadísima, tardando un montón en conciliar un sueño ligero y de poco provecho. Tan obsesionada me desperté con mi desgracia, que lo primero que hice fue volver a la casa de Luis, el del piano, con intención de mirarme en el espejo y estudiarme bien, por si algo se pudiera hacer para mejorar mi careto. Bueno, en realidad, antes de ir a la casa de Luis, desayuné un poco una boñiga humeante que me reconcilió con el mundo.

—Vamos, tontita —dije, con la moral recuperada—. Algo podrás hacer con esa cara para apañarla. Además, y como te ha dejado tu madre grabado en el subconsciente: "siempre hay un roto para un descosido".

Así que salí del corral del lechero a comerme el mundo y por poco no se me comió un pájaro a las primeras de cambio. ¿Pero cómo puedo estar aún viva con la caraja que llevo encima desde que nací? Si es que hasta una mosca de párvulos sabe que a primera hora de la mañana es de locas salir a volar porque es cuando todos los pájaros del pueblo andan buscando condumio para sus polluelos. Menos mal que pude encontrar burladero debajo de una teja. Allí estuve esperando media hora larga (tan larga que bien pudieron ser dos) a que la algarabía de los pájaros viniese a menos, señal inequívoca de que se habían vuelto a sus nidos. Entre tanto me estuve aseando con mucho cuidado y esmero porque algo me decía que hoy podía ser el día en que llamara a mi puerta el mosco de mi vida.

Total, que cuando abandoné la teja, el sol lucía en el cielo a base de bien, calentando de lo lindo, lo que me lleva a pensar que más bien fueron dos las horas que permanecí allí. Sin embargo, no pude entrar en la casa de Luis porque estaba cerrada a cal y canto. Ni siquiera estaban subidas las persianas de las ventanas. Me di entonces una vuelta por el tejado, pero tampoco había por allí forma moscuna de entrar. Me posé finalmente en la barandilla del balcón del primer piso y me armé de paciencia. Total, se estaba bien, no tenía hambre y tampoco nada mejor que hacer. Al poco rato, se encontraron justo debajo de donde yo estaba dos vecinas y se pusieron a parlar. Nada de particular, hasta que salió a relucir Luis el del piano.

—¿Sabes que al niño de la Cecilia —dijo una, y señaló la casa con el dedo para que no hubiera dudas— se lo han tenido que llevar al Centro de Salud porque tiene una garrapata y se le ha infectado?

—¿Quién, el que toca el piano? —dijo la otra.

—Bueno, tocarlo es un decir, porque yo, que soy su vecina y me toca sufrirlo… Pero vamos, pobre chico.

—Es que las garrapatas hay que saberlas quitar —apuntó la otra, con mucho criterio—. Si las quitas mal y dejas el gancho dentro, la puedes preparar.

—Y tanto —dije yo, aunque para nada—. Anda que no me ha dejado mi madre información sobre garrapatas. Sobre todo que no alterne con ellas, que aunque parecen simpáticas te chupan la sangre al menor descuido.

Al enterarme de aquello decidí darme una vuelta por ahí, a ver si encontraba el Centro de Salud. Al final lo encontré, pero me llevó toda la mañana porque, como todos los Centros de Salud, está a las afueras del pueblo. Para llegar tuve que preguntar a varias congéneres, dándome cada cual su propia teoría sobre por dónde podía estar, pues todas hablaban de oídas. Menos mal que al final encontré a una que había estado allí en persona, adherida a un vendaje provisional del que no pudo escapar por pillarla despistada chupando una herida superficial.

—Tú déjate guiar por el olor a fertilizante, ese tan rico que han echado esta mañana, y cuando pases el Punto Limpio, vuela en línea recta unos cien metros y ya.

En fin, que hice lo que me dijo la mosca aquella y acabé dando con mis huesos en el Centro de Salud tras pasar por el Punto Limpio, cuyo nombre me dejó perpleja, pues era una escombrera como cualquier otra y allí no había limpio ni un sólo punto. De hecho, tomé nota del lugar porque me pareció idóneo para pasar unas vacacioncitas, ya que tiene cerca un aprisco con ovejas y un pozo estercolero que ni el mejor aqualand.

Ya metida en el Centro de Salud, no tardé en encontrar a Luis con su mamá en la sala de espera. El niño tenía cara de circunstancias y allí sentadito, leyendo un tebeo, incluso parecía una buena persona. La madre se entretenía con el móvil, ese aparato demoniaco que funciona con ondas, según creo, y que seguramente será cancerígeno para nosotras. El ambiente de la sala de espera me resultó depresivo, tanto que se me quitaron las ganas de volar. Así que me posé como si tal cosa en el asiento que estaba al lado del que ocupaba el niño, como si fuera una más de aquella familia. En el fondo me picaba la curiosidad por ver cómo le quitaban el gancho de la garrapata. Y en esas estaba cuando apareció una polilla y se puso a mi lado.

—Hola —me dijo—. ¿Vienes con cita previa?

Yo me la quedé mirando de la cabeza al abdomen, sin saber qué decir. "No —pensé—, si ahora resultará que la polilla esta es médico". Pero como a fin de cuentas estaba en un Centro de Salud, posada en la sala de espera, y ella parecía como que tenía batín, acabé por asumir que efectivamente así era.

—¿Es usted la doctora? —le dije al fin.

—¡Bingo! —exclamó, ufana—. Soy de la última generación de unas cincuenta que me preceden y que llevamos aquí comiéndonos unos jerséis de lana que alguien metió en una taquilla hace una porrada de años. Como la taquilla cae a trasmano, nadie la ha limpiado jamás.

—Pues una porrada de generaciones transmitiéndose conocimientos médicos en el subconsciente son muchas generaciones, digo yo —apunté, optimista.

—Ya lo creo —asintió—. Sé hasta de medicina nuclear. Bueno, ¿Y se puede saber qué te duele?

—Todo —respondí, sin dudar un instante—. Hace dos días me soltaron un balonazo y caí redonda al suelo. Luego me he estampado contra un par de cosas más. Lo peor es que tengo la trompetilla torcida y no veo bien por un ojo.

—Bueno —me dijo—, yo te puedo examinar, pero como comprenderás luego te irás por donde te has venido, porque para moscas pocos remedios se pueden encontrar aquí.

—Ni aquí ni en ningún sitio ¡no te jroña! —le espeté—. Pero ya que estamos, anda, mira a ver.

Así que me dejé hacer y estuvo examinándome durante un buen rato. Cuando terminó de hacerlo, me extendió un parte, con la típica letra ilegible de los médicos, que procedo a reproducir:

"Mosca de catorce días de vida que refiere balonazo en la parte izquierda de la cabeza, con caída al asfalto y pérdida del conocimiento. Se observa pérdida de masa capilar en el espiráculo delantero, así como en el scutum y la basicosta. Tiene un hematoma severo en el ojo múltiple izquierdo y protusión moderada en el balancín. Pérdida de líquido en el segundo segmento abdominal y pequeña perforación en el mesosternón. Deformación del labelum y la pseudotraquea (o sea, torcedura de la trompetilla). Rotura parcial del espolón y el tarso de la pata del medio izquierda, lo que le dificulta el vuelo silencioso".

Después de leer el parte, le pregunté si era grave y me dijo que dependía.

—¿De qué? —le dije yo.

—Eso es lo que yo quisiera saber —me respondió, encogida de alas—. Pero bueno, como supongo que a tu edad ya habrás puesto más de mil huevos, igual da ya que vivas tres días o seis o te coma un bicho nada más salir de aquí.

Me hizo poquita gracia lo que me dijo, la verdad. De hecho le hice saber que aún no había puesto un huevo y que andaba buscando mosco.

—¿Con la trompetilla en ese estado? No me hagas reír —me espetó la muy ñabrona.

Me la quedé mirando con un rictus tan serio que reculó enseguida, temerosa de que le soltara un sopapo o una maldición gitana, yo qué sé.

—Era broma, hombre —me dijo, cambiando de tercio en el acto—. Mira, lo que te recomiendo es que sigas a este chaval a casa y que procures comer de la medicina que le den. Si es jarabe, te vas derecha al tapón o a la cuchara a chupar los restos. Si es una pastilla, te agarras al blíster y no lo sueltas aunque te den un guantazo. ¿Vale?

En ese momento apareció un moscardón volando, que hizo una pasada zumbona por encima de nosotros, saludando a la polilla con la antena, quien a su vez le devolvió el saludo efusivamente.

—Ese moscardón es un cachondo —me dijo—. Va a la poza estercolera a llenarse las patas de mierda y luego viene a posarse en el material esterilizado. Sabe que cualquier día le matan pero dice que le da lo mismo, que mientras tanto se lo pasa bomba. En fin, algunos no aprecian la vida nada de nada.

Y ya no le dio tiempo a decir más, porque Luis el del piano nos echó el ojo de repente y nos soltó un tebeazo con saña ferina. Yo, como estaba frente al chico, lo vi venir y pude echar a volar justo a tiempo, pero la pobre polilla ahí se quedó, mitad en el asiento, mitad en el tebeo. Y me dio un poco de pena, sobre todo por la cantidad de conocimientos médicos que se fueron a tomar por saco.

En fin, que del susto que me pegué me subí al techo y ya no me moví de allí hasta que se hicieron las tres, según el reloj de la sala de espera, hora a la que se veía a una legua que iban a cerrar. Entonces me fui al Punto Limpio y en el contenedor de vidrios me puse hasta donde yo te diga de restos de mermelada de melocotón. Entonces me di cuenta de que acababa de cumplir dos semanas de vida. ¡Qué barbaridad! ¡Dos semanas! Y yo que pensaba, cuando cumplí una, que ya era mayor. ¡Ahora sí que lo soy! ¿O no?

Como quería salir de dudas, abandoné el Punto Limpio y me dediqué durante una hora o cuatro a preguntar a todas las moscas que pude cuántos días tenían. Después de hacer cálculos, creo que como un setenta y tres por ciento tenía menos de una semana, un treinta y nueve por ciento tenía menos de dos semanas y sólo un treinta por ciento tenía más de dos semanas. Por lo tanto, ya me puedo considerar una mosca vieja. Aunque tampoco estoy muy cierta de mis cálculos porque mi madre me ha dejado grabada en el subconsciente una forma de calcular haciendo "cuentas de la vieja" que no me parecen mucho de fiar. Pero, vamos, lo que está claro es que ya jovencita no soy. Y encima sin mosco a la vista.

Para celebrar las dos semanas de vida, de las tres que más o menos vive una mosca, según la wikipedia, no se me ocurrió otra cosa que subirme al campanario de la iglesia a contemplar el pueblo. "Ya que no voy a viajar más como lo hice de joven, por lo menos echar una visual de los alrededores para hacerme una idea de la dimensión espacial en que se mueve mi vida", me dije. El caso es que me posé en la punta del mástil donde ponen la bandera de España en fiestas y desde allí me puse a otear el horizonte.

—Qué bonito es el norte, y el sur, y el este…

Y cuando iba a mencionar el oeste, mis ojos se toparon con los de una cigüeña, que me miraba como diciendo: "esta es tonta o se lo hace, pero me la voy a comer". Y soltó un picotazo en la punta del mástil, la muy esproñeta, que a poco lo parte en dos. Menos mal que salí zumbando a tiempo y me pude ocultar en el interior de la campana, donde recuperé el resuello, me aseé tranquilamente y me quedé profundamente dormida hasta que tocaron a misa. No me he llevado un susto mayor en toda mi vida. Bastó sólo el primer aldabonazo para que el corazón se me saliera por la boca. Abrí entonces los ojos, aterrorizada, y vi precipitarse hacia mí el badajo de la maldita campana. Afortunadamente, impactó justo a mi lado, pero no me dio. Eso sí, salí de allí volando con un zumbido en los oídos bestial.

—¡De esta me quedo sorda! —grité.

Por primera vez en mi vida no solamente no me oyó nadie sino que tampoco me oí a mí misma. "Como una tapia; estoy como una tapia, ya lo verás", pensé toda preocupada. Y hecha un manojo de nervios anduve volando al buen tun tun, exponiendo mi vida a lo tonto, hasta que me agoté y me fui a posar en la puerta de la residencia de ancianos del pueblo.

—Ahí seguro que tienen la tele a todo volumen —me dije, no sé si muy alto o muy bajo—. Voy a entrar a ver qué tal la oigo.

Al principio pensé que o me había quedado completamente sorda o todos los ancianos llevaban puesto el sonotone, porque no oía nada. Menos mal que con el paso del tiempo el pitido se me fue pasando y resultó, como esperaba, que la tele se podía oír hasta en el pueblo de al lado. Pero mira, al final no hay mal que por bien no venga, y he descubierto que la residencia de ancianos es un buen sitio para una mosca. He comido con ellos y como no tienen reflejos de ningún tipo me he podido meter de cabeza en todos los platos que me ha dado la gana, sin encontrar prácticamente oposición. Así que voy a volver por allí.

Hace un rato me he metido en la casa de Luis el del piano y me he zampado dos o trece mililitros de un jarabe riquísimo, tal y como me recetó la polilla, pero me están dando unos retortijones horribles. Ahora estoy posada en la cortina del salón. Creo que me espera una noche toledana.

DÍA QUINCEAVO

Hoy ha sido un día horrible y estoy tan agotada que casi no tengo fuerzas para nada. Pero me he empeñado en no dejar de escribir este diario ni un sólo día de mi vida, así que vamos allá.

La noche, tal y como se preveía, fue dura. Ese jarabe que me tomé con toda el ansia resultó tener más efectos alucinógenos que el bálsamo de Fierabrás. Aunque las luces estaban apagadas, la oscuridad no era total y me daba la sensación de que todas las siniestras siluetas de las cosas se bamboleaban con un ritmo caribeño. Los retortijones que me dieron al poco de tomarme el mejunje desembocaron finalmente en una cagalera tal que la hubiera firmado la vaca Chuminigas, reina de las boñigas. A pesar de todo, logré dormirme una hora o tres, hasta que se produjo un encender de luces y un ir y venir de Luises y sus madres, a los que veía yo muy deformados por la cabeza y las extremidades, y como flotando por encima del suelo. Además sus voces me llegaban distorsionadas, de modo que no entendía palabra de lo que decían. Cuando por fin se apagó la luz, y luego de mucho esfuerzo haciendo cábalas sobre lo visto y oído, saqué la conclusión de que a Luis también le había sentado mal aquel bálsamo de Fierabrás y que se había ido por la pata abajo en el retrete, con la ayuda de su madre. Luego me quedé traspuesta un rato, corto o largo, o a lo mejor ni una cosa ni la otra. De pronto me despabilé, y como entraba cierta luz por la ventana del pasillo, me allegué volando al cuarto de baño y comprobé que estaba equivocada. No era por abajo por donde se había ido la criatura sino por arriba. Había un resto de vomitona junto a la taza. Y como a una mosca se le abre el apetito con cualquier cosa, para allá que me fui zumbando alegremente, aunque todo me siguiera dando vueltas. Cuando llegué al manjar, me di cuenta de que no estaba sola. Había una colega chupando el mejor tropezón de todos.

—Buenas noches —le dije muy educadamente—. ¿Molesto?

—Sólo cuando vuelas —me contestó, con una voz bastante desagradable—. Creí que eras una batidora o algo así.

Le conté entonces la razón del petardeo de mi ala chunga y, ya puestos, hasta lo de mi depresión por tener que buscar mosco con la trompetilla torcida. Pero para mi sorpresa, la colega no me acabó de hundir en la miseria sino que trató de quitarle hierro al asunto.

—Pues anda que no hay moscos por ahí que no tienen un pase y que querrían acoplarse contigo —me dijo—. A mí me vienen a la cabeza por lo menos media docena.

—¿Y no me podrías presentar a alguno? —le pregunté, esperanzada.

—Pues no —me contestó, después de rascarse las alas un rato—. Cuatro ya están muertos. Otro, el muy tonto, está atrapado en una tela de araña que encima no tiene araña, y ahí se va a morir cuando le toque. Y el otro se fue a Inglaterra.

—¿A Inglaterra? —me llevé las patas a la cabeza—. ¿Y cómo se va una a Inglaterra?

—Pues mira, se metió a dormir en una caja de Amazon y de pronto metieron dentro no sé qué cosa defectuosa que había que devolver a Inglaterra —me explicó—. Ja, ja; a ver si se le da bien y puede incordiar a la Camila cuando se tome el té de las cinco. De todos modos, y volviendo a tu temita, si quieres encontrar mosco yo te recomiendo que vayas a la piscina. En la piscina hay moscos para dar y para regalar. ¿No ves que está llena de gente en traje de baño, exhibiendo sus cuerpos calentitos? Es un gusto andar por allí.

Tomé nota de lo que me dijo mi colega y me fui de allí muy agradecida, pensando que en la piscina pillaría mosco seguro. Luego, me posé sobre una escultura de un toro bravo que había encima de la consola del pasillo y allí me quedé totalmente sopa, haciendo la digestión de lo que el chico había digerido poco antes. Pero algo malo debía de haber en el dichoso tropezón, porque de pronto me desperté y vine a vomitar una parte, que cayó junto a los cuartos traseros del toro. Y, cosa curiosa, no tardó una larva de chinche ni medio minuto en empezar a endilgársela. Me pregunto si a la larva también le sentaría mal y echaría su preceptivo vómito que, a su vez, succionaría alguna criatura poco menos que unicelular. En fin, que qué cosas tiene la Madre Naturaleza, capaz de hacer una matriosca con un tropezón.

Cuando me desperté nuevamente, ya era completamente de día y Luis acababa de desayunar. Al entrar en la cocina me lo encontré con su madre, que le estaba otra vez echando una filípica a cuenta de que tenía que tocar el piano hasta que la primera parte de "La Marcha Turca" le saliera a la perfección y que sólo entonces le dejaría ir a comer a la piscina con los amigos.

—¡La piscina! —exclamé—. Ahí, ahí quiero ir yo.

Y me puse toda contenta pensando en que me iría con Luis a la piscina esa misma mañana. El problemilla era que aquella primera parte de "La Marcha Turca" la tocaba de pena, como no podía ser de otra manera, dándome en sospechar que aquello podía ir para largo. De todos modos, decidí que yo pondría de mi parte lo que buenamente pudiera. Así que me coloqué detrás de él, encima de un cenicero y me puse a vigilar la puerta para decirle a cualquier mosca o bicho con alas que pudiera entrar que se largara inmediatamente y ni se le ocurriera molestar. Y, así las cosas, apareció la mosca con la que estuve incordiando a Luis hacía dos días, con tantas o más ganas de hacer lo propio de nuevo. En cuanto la vi, me lancé sobre ella, cuidándome muy mucho de no hacer ruido con el ala chunga.

—¿Por qué vuelas haciendo chepa? —me espetó nada más verme—. Me recuerdas a Igor, el jorobado aquel de "El Jovencito Frankenstein".

—Aigor, querrás decir —la corregí rápidamente.

Entonces le conté lo que había y la muy carrañeta me dijo que eso le importaba un pito y que ella iba a volver a la carga. Salí entonces tras ella, pero con las prisas se me olvidó que tenía que levantar la pata, con lo que empecé a hacer sin darme cuenta un ruidejo que pronto despertó la atención del chico.

—¡Lo ves, canalla! —le dije a mi congénere—. Por tu culpa ya ha dejado de tocar.

—Ja, ja, ja —se me reía a la cara, la tía—. Será por la tuya, que haces más ruido que la Thermomix al diez de potencia.

De pronto, el chico se levantó, yendo las dos a toda velocidad a posarnos en el techo, por si las moscas. Pero hete aquí que lo que hizo el muy pillastre fue coger la tablet y buscar en Youtube "La marcha turca", que luego puso a un volumen similar al del piano, parando la música justo cuando terminó la primera parte.

—¡Mamá, ya me ha salido a la perfección! —gritó el malandrín—. ¡Me voy a la piscina!

Al cabo de un rato, unos segundos o dos mil, su madre apareció en el cuarto del piano con cara de desconcierto, como notando algo raro. Pero el chico se dio tanta prisa en coger sus cosas de la piscina y salir pitando que a ella no le dio tiempo a decir ni mu. Y yo, claro, me fui tras él, dejando en el techo a mi congénere tarareando "La marcha turca".

El caso es que no llegamos a la piscina tan pronto como yo creía. Resulta que Luis fue primero a buscar a un amigo a su casa, que estaba casualmente cerquísima de donde vive mi familia natural. Excuso decir que volé por encima de la tapia del corral, y como la puerta estaba abierta y habían quitado la cortina antimoscas, vaya usted a saber por qué, me di una vuelta por la casa, con ánimo de saludar. Allí encontré únicamente al Kevin, que en ese momento se estaba poniendo el traje de baño. "Otro que se viene a la piscina —me dije—. Qué bien me lo voy a pasar". Además tuve la suerte de verle un tatuaje de la cabeza de una serpiente en una nalga.

Cuando salí del corral, me dediqué por un rato a chupar el palo del gallinero, a modo de piscolabis, hasta que escuché la voz de Luis, que salía con su amigo de casa de éste. Entonces me uní a ellos y nos fuimos los tres a comprar chuches a un kiosco, donde casi me dejo seducir por el olor que salía de los botes de encurtidos. Bueno, me dejé seducir del todo. Cuando me quise dar cuenta estaba hincándole la trompetilla a una cebolleta gordísima. El kiosquero me soltó unos manotazos tremendos y como huí haciendo más estruendo que una Harley Davidson, se solivió muchísimo, empezando a perseguirme con un trapo de cocina. Me metí entonces entre las revistas y los anuncios de cartón que exhibía en el escaparate, para ocultarme un poco, y allí me encontré con los cadáveres de varias colegas espachurrados contra el cristal.

—Vámonos de aquí, que este escondite no es bueno —dije a media voz.

Salí entonces al espacio interior y me puse a volar dando vueltas espasmódicas como una loca para que no me cazara, pero no era fácil encontrar la salida, pues el kiosco no tenía más que un ventanuco, y el kiosquero, bien armado con el trapo de la muerte, no le quitaba ojo. Al final, aproveché el momento en que cobraba a los chicos las chuches para salir despavorida por el ventanuco. Lo bueno fue que me quedó en el cuerpo un intensísimo y delicioso olor a cebolleta. "A ver qué mosco se me resiste ahora con esta fragancia", pensé encantada.

Y por fin llegamos a la piscina. En lo primero que reparé allí fue en el olor tan rico a cloro que había. Luego en la luz, el calor, el césped, el agua y, por encima de todo, ese mar de carnes humanas torradas o semitorradas que ejercían una bis atractiva poderosísima. Miraba de un lado a otro como una cosa tonta y no sabía ni para dónde tirar. La mezcla de olores y colores me producía efectos narcóticos.

—Esto es el Paraíso —dije, con la cabeza balanceándoseme de un ala a otra.

Después de seguir a Luis y su amigo hasta donde dejaron las toallas, tomando buena nota de su ubicación, me decidí a dar una vuelta por el recinto de la piscina. Tanto me gustaba lo que veía a mi alrededor que no sabía ni dónde posarme. Al final lo probé todo, vamos, que me posé en todas partes: las vallas alrededor de la piscina, las toallas, las bolsas piscineras, los flotadores, los botes de crema solar, las neveras portátiles, las sillas tumbonas. ¡Qué felicidad! Y cuando me cansé de todo lo inerte, me fui a por lo vivo. Empecé entonces a posarme en brazos, espaldas, muslos, pantorrillas y hasta glúteos como airbags de grandes. Y, claro, empecé a recibir manotazos para espantarme, que no sólo no me espantaban sino que me incitaban a incordiar más y más. De pronto, y estando posada en mitad de la espalda de una señora, se posó a mi lado una colega y me dijo:

—¿Qué haces ahí parada?

—Anda, descansar hasta que me echen —le dije yo.

—¿Y cómo es que no muerdes? —me preguntó, casi indignada—. En la piscina lo clásico es morder. ¡Mira!

Y le soltó un mordisco a la señora que hizo que se revolviera toda y soltara un exabrupto, dándose luego ella misma un manotazo en la espalda. Naturalmente salimos las dos echando ciscos de allí.

—Pues no se me había ocurrido —le dije, pero es muy divertido verles ponerse hechos unos basiliscos.

Total, que me pegué a ella, haciéndonos amigas enseguida, y nos pasamos toda la mañana mordiendo al personal y pasándonoslo pipa. Luego, cuando me entró el hambre, me fui derecha a la terraza del bar, donde había bastante gente tomándose el aperitivo. Y allí me busqué la ruina para el resto del día.

¡Tonta de mí! Si es que no espabilaré ni aunque viva un año. Y mira que me lo dejó grabado mi madre en el subconsciente: "cuando te poses en una mesa con comida no pierdas de vista a los comensales". Pero nada. Me posé en una mesa donde estaban comiendo unas raciones variadas y fui acercándome con sigilo a una mancha de alioli. Cuando la tuve debajo estiré la trompetilla y me puse a succionar toda feliz. Pero de pronto ¡zas! Un tipejo ñandajo a más no poder me colocó un vaso encima, quedando atrapada como José Luis López Vázquez en "La cabina". Del perreque que me dio casi me muero en el acto. Luego empecé a volar y a estrellarme contra las paredes del vaso una y mil veces. Cuando me agoté, me dediqué a buscar una salida andando por la pared de cristal. Creo que me hice dos o seis kilómetros a lo tonto. Pero la cosa no quedó ahí, porque resulta que el bellaco aquel quiso divertirse un rato conmigo. Cogió entonces una servilleta de papel y la deslizó sobre la boca del vaso. Luego le dio la vuelta, de modo que la boca continuaba tapada por la servilleta, y empezó a agitarlo. Aquello era el acabose del terminose del finiquitose, o al menos así lo pensé mientras me acordaba de todos los ancestros del torturador con tacos horrorosos que nunca en mi sano juicio habría osado pronunciar.

—¡Para de una vez, jipo del gran trujañón, rañeco de potriñaca, jastrañaza, pleñejón! ¡Así cojas ahora la moto y te la pegues y te partas los brazos y las piernas, cañozato!

Todo eso le dije y cosas hasta peores mientras me agitaba. Finalmente dejó el vaso sobre la mesa, dado la vuelta y conmigo dentro, y ahí me dejó. Y menos mal que estaba a la sombra, que si está al sol me cuezo viva. En fin, que allí me pasé el resto del día, hasta que llegó la hora de cerrar y una camarera se llevó el vaso. Eso sí, tuve la suerte de que no se fijara en mí, porque estaba yo segura de que aprovecharía para darme el estacazo de gracia con la bayeta. Con las poquísimas fuerzas que tenía, y el estómago vacío, volé a posarme encima de un bafle y aquí sigo. No me atrevo ya a esta hora a salir en busca de comida porque seguro que me echa el guante un pájaro o un murciélago. Pero bueno, me consuelo pensando que al menos estoy en la piscina. A ver si mañana se me da mejor. Ay, y dónde estará mi mosco.

DÍA DIECISEISAVO

Esta mañana me he despertado con el canto del gallo. Dormir a la intemperie es lo que tiene. Y tener cerca un gallinero con un gallo también. De todos modos, cuando ha cantado ya estaba yo medio despierta. Creo que es la edad, que me hace echar cagaditas cada media hora o así, y luego no hay quien concilie el sueño. Aparte de que había durmiendo cerca de donde yo estaba una libélula que me ha dicho, según se iba, que estoy todo el rato haciendo con la boca ruidos de vieja sin dentadura postiza. Si es que ya tengo una edad a la que la mayoría de las moscas no llegan. No hay parte de mi cuerpo que no me duela y si alguna no me duele es porque no funciona.

Pero bueno, como soy una mosca llena de optimismo, en cuanto cantó el gallo salí zumbando del bafle y me di una vuelta por los alrededores de la piscina, a ver si encontraba alimento moscuno, o sea, cualquier cosa prácticamente. No tardé en encontrar una papelera junto a un árbol, y para dentro que me fui de cabeza. Aunque vacía, el fondo estaba repleto de manchurrones, la mayoría secos pero alguno que otro aún sabросón. Estuve allí chupa que te chupa por lo menos varios minutos, o tal vez varios cuartos de hora, pasados los cuales ya despuntaba el alba. Y como la papelera era de estas metálicas pero llenas de hermosos agujeros redondos, pude ver a través de uno de ellos una escena de amor sobrecogedora. Se trataba de dos mantis religiosas que estaban acopladas. Se miraban de reojo con mucho empalago y se decían cosas bonitas. Pero cuando el macho acabó de fecundar a la hembra, va ella y le dice:

—Ven para acá, que te voy a arrancar la cabeza.

—¡No ñodas! —gritó él, dando un respingo.

—Que sí, que sí —insistía ella—. Que me ha entrado un ansia enorme por arrancarte la cabeza.

Yo me quedé patidifusa escuchando aquello. Vamos, qué desconsideración; querer arrancar la cabeza al padre de tus criaturas, que encima te acaba de fecundar. Porque, oye, si te hubiera hecho algo malo, no sé, robarte el almuerzo o romperte los huevos recién puestos; pero así, por nada de nada... El caso es que como el macho seguía acoplado a la hembra y ésta era bastante más grande, él no tuvo escapatoria. Primero intentó arrancársela de cuajo con esas tenazorras como cortafríos que tienen las mantis religiosas. Pero se ve que estaban mal afiladas porque al final cogió la cabeza y empezó a tirar y a menear a un lado y a otro, no cejando hasta que se la arrancó del todo.

—¡Qué a gusto me he quedado! —dijo la muy regruñaca cuando acabó de decapitar a su pareja y lanzó la cabeza todo lo lejos que pudo.

Una vez recuperada de la visión, me quedé pensando en mi mosco mientras me aseaba metódicamente. "¿Y si me entra a mí también un ansia desbocada por arrancarle la cabeza después del acoplamiento?", pensé. Pero pronto me tranquilicé. Primero porque mi madre no me ha dejado nada grabado en el subconsciente acerca de tal posibilidad, y segundo porque yo no tengo tenazas ni fuerzas para arrancarle la cabeza a bicho ninguno, por pequeño que sea. Lo cierto es que la reflexión me sirvió para tomar conciencia de que de ese día ya no podía pasar.

—Hoy me echo mosco aunque sea lo último que haga —dije alto y claro para que se me oyera bien, aunque nadie me oyera.

Lo primero que hice entonces fue echar a volar en busca de un cristal donde me pudiera ver reflejada para ponerme requeteguapa. No tarde en ver a lo lejos la puerta de los aseos. "Allí dentro seguro que hay un espejo", me dije. Pero había dos problemas: uno, que los aseos aún estaban cerrados; el otro era que tenía que cruzar la piscina de lado a lado y había más pájaros buscando desayuno que en la película de Hitchcock. Así que me tuve que armar de paciencia y esperar, escondida entre el techado de una sombrilla de mimbre, a que llegara la señora de la limpieza a limpiar los aseos. Cuando abrió la puerta y salió el irresistible olorcejo consabido fruto de la "maceración" del día anterior, nos lanzamos en tromba hacia allá unas treinta o cuarenta moscas. Siendo tantas cruzando a la vez, era evidente que había menos posibilidades de que te comiera un pájaro, cosa que comentamos las ocho o diez que llegamos sanas y salvas.

—Con lo mayor que eres, hay que ver lo bien que se te da sortear gorriones —me dijo una jovencita, dándome la enhorabuena.

—Es que me sé ir situando; como los viejos en las capeas —le dije, guiñándole el ojo.

Lo malo fue que después de guiñarle el ojo, se me quedó atascado y ya no lo pude desguiñar en un buen rato. De hecho, aún con el ojo guiñado me fui en busca del espejo. Cuando lo encontré me posé en él enseguida y me empecé a componer toda, intentando recordar las mañas que se daba la Shanon para hacer lo propio. Y en ello estaba cuando llegó la de la limpieza y se puso a echar frus-frus limpiabaños por el lavabo y alrededores, teniéndome que ir de allí a la carrera a esconderme encima de una puerta. En cuanto se fue, volví al espejo y no paré de hacer cagadas a modo de represalia hasta que me vacié toda. Luego seguí a lo mío, acicalándome de arriba abajo, empezando por el abdomen y terminando con la trompetilla, que traté de enderezar apretando la parte izquierda de la cabeza contra el espejo. Creo que algo conseguí. Finalmente, usé del sarro que había en la boca del grifo del lavabo para maquillarme un poco y disimular mejor el defecto. Cuando por fin me vi apañada, aspiré hondo y salí del aseo, alzando la pata del medio para no petardear, dispuesta a todo. Y se ve que pasé un montón de tiempo en el aseo, porque me encontré con que la piscina estaba ya a rebosar de gente. Nada más salir, me topé con la mosca del día anterior.

—Uy, qué guapa te has puesto —me dijo, para mi alegría. Pero luego añadió—: Qué, te vas a ligar a algún vejete, ¿eh?

Me sentó a cuerno quemado y se me notó en la cara que le puse. Pero bueno, como soy un libro abierto, le dije la verdad de mi situación.

—¿Tienes dieciséis días y todavía no has puesto un huevo? ¡Venga ya! —exclamó, toda incrédula—. Si yo tengo ocho y ya he puesto por aquí y por allá más de quinientos.

Entonces le conté mis andanzas para que entendiera cómo había llegado a mi situación, reaccionando de forma muy comprensiva.

—Te voy a ayudar. ¡Vamos para allá!

Al instante me llevó a una esquina de la piscina donde había un plato de ducha, que los humanos usaban una y otra vez antes de meterse en la piscina o inmediatamente después de salirse; que no sé yo el motivo de tanto desperdiciar agua con las sequías espantosas que hay en el mundo. En los alrededores del plato había unas cuantas avispas, naturalmente soltando tacos y exabruptos tremendos, porque están siempre como resentidas con la vida. Pero también había varios moscos, de la variedad chulopiscinas, que provocaban a las avispas para dárselas de valientes y enamorar así a las moscas que andaban ojo avizor en busca de pareja. La cosa consistía en que el mosco chulopiscinas se acercaba a la avispa y la llamaba "abejita mierdecita", "abejita Maya" o cosas así. La avispa, invariablemente, salía enfurecida detrás del mosco, lanzándole insultos bestiales, y el mosco iba volando a esconderse entre las oquedades de algún cuerpo humano torrándose al sol. Y como pocas cosas hay que aterroricen más a un humano que una avispa acechándole, el humano pegaba un brinco, el mosco salía volando, la avispa empezaba a zigzaguear nerviosísima, el humano a brincar y a dar botes para tratar de alejarse de la avispa, y ésta, sintiéndose a su vez atacada, se solía enzarzar con el humano, histérica ya y deseosa de picarle. Otras veces el humano no se percataba de la presencia de la avispa, al estar tomando el sol con los ojos cerrados. En tales casos la avispa, para levantar el cuerpo y que el mosco quedara a la intemperie, solía soltar un picotazo por donde le daba la gana. Pero para entonces el mosco chulopiscinas se había ido ya a posar junto a varias moscas a las que se les caía la babita mirándolo.

—¿Qué te parece ese? —me dio un codazo mi colega, señalándome un mosco que acababa de provocar una picadura de avispa a una niña de diez años que no dejaba de llorar—. Tiene clase, ¿verdad?

—No está mal, pero no es mi estilo —le hice saber.

—Anda la otra —me miró con gesto adusto—. Pues sí que estás tú ya como para elegir.

Entonces le dije que es que a mí el típico mosco chulopiscinas no me hacía tilín, que prefería algo más... intelectual.

—¡Como aquel!

Y le señalé a un mosco que estaba leyendo los ingredientes de una bolsa de gusanitos, pasando del español al portugués, del portugués al italiano y del italiano al árabe sin ningún problema. Me despedí entonces de mi colega y, echándole valor porque soy muy timidita, volé sin hacer ruido y me posé cerca de él, en una lata de refresco. La lata en cuestión estaba abierta y había un reboso de líquido en su parte superior. Y como me pareció que estaría rico, me fui al instante a succionar.

—¡No se te ocurra beber de ahí! —me gritó de pronto el mosco.

—¿Y por qué no iba a hacerlo? —le pregunté—. Ya he probado muchas veces estos refrescos y suelen estar riquísimos.

—¿Pero no sabes, alma de cántaro, que tienen aspartamo y que ha dicho la OMS que es cancerígeno?

Yo estuve a punto de decirle que a mi edad me trae al pairo si me cojo un cáncer pero como iba a lo mío, haciéndome la tontita me puse a temblar de mentirijillas, luego de lo cual me acerqué donde estaba él y le di las gracias por haberme salvado la vida.

—No te pases —me dijo él—. Además, a tu edad seguro que te trae al pairo cogerte un cáncer.

Su comentario me pareció propio de un tío listo de verdad. Así que me pareció ideal para mí. Y para engatusarlo un poco, le empecé a hablar sin preámbulos de mi estancia en Asturias, segura de que le parecería interesante. Cuando le conté lo que ocurrió en la cueva de Tito Bustillo, aquello del desconchón que hizo Pablito en la pintura rupestre, me dijo que lo había leído en interné, pues su familia se pasaba todo el rato leyendo la prensa en interné, y de ahí que estuviera tan al corriente de todo. De esa forma tan natural, empezamos una conversación muy amena, causándome el mosco una impresión cada vez mejor, sobre todo porque tuvo ocasiones varias de preguntarme el porqué de mi trompetilla torcida pero no lo hizo. Al final, como soy así, se lo pregunté yo a él:

—Bueno, ¿y no me vas a preguntar por qué tengo la trompetilla torcida?

—Te lo preguntaría si tuviera interés en acoplarme contigo, por si es genético, pero como no lo tengo, me da lo mismo —dijo.

La respuesta me sentó como un matamoscazo en toda la cara, la verdad. Me quedé entonces callada sin decir nada, mientras él se puso a chupar la bolsa de gusanitos por dentro. Y mirando estaba a lontananza, toda mohína, cuando me di cuenta de que tenía casi delante de mis narices a la hermana de la niña del exorcista, que precisamente estaba jugando con ella y otros niños a las cartas. Al verla se me alegró la cara, pues no hace falta mentar el cariño que le tengo a esa niña. Pero de pronto me fijé en que tenía un tábano en un costado a punto de darle un picotón, con el consiguiente ronchón de cuatro centímetros de diámetro, de esos que sólo saben hacer los tábanos.

—¡Un tábano! —grité—. ¡La va a picar un tábano!

El mosco se vino donde yo estaba y se limitó a decir que no le extrañaba nada la mala prensa que tenían los tábanos.

—Como para meterse con uno de esos... —resopló—. Te raja el abdomen y te echa las tripas en un cesto antes de que te des cuenta.

El caso es que me dio tanta pena la niña que salí escopeteada hacia su oído, petardeando todo lo posible. Y ella, pensando que la atacaba un burro volador o similar, se levantó y se echó a correr donde estaba su padre, obligando al tábano a abandonar sus aviesas intenciones. Fue una acción totalmente heroica por mi parte, lo reconozco.

Lo que no me esperaba yo era que el mosco intelectual apreciara tanto ese gesto de arrojo que acababa de tener. "Eso en una mosca no se ve todos los días —me dijo—. Llevas el valor en los genes". Aquello era una evidente declaración de amor. Y ya no nos separamos el uno del otro en toda la tarde.

Cuando el día estaba de caída y la piscina cerrada, andábamos los dos cenando una raba que había junto a la pata de una mesa. Yo me mostraba feliz como nunca. "Esta noche me acoplo seguro", pensaba con una sonrisilla maliciosa. El mosco parecía también muy feliz. Pero de pronto, pasó lo que tenía que pasar. Llegó una mosquita de siete días nada más, muy graciosa, muy pizpireta y muy echada p`alante, y se puso a comer raba con nosotros. A partir de ese momento el mosco dejó de interesarse por mí. ¡Qué tío! Si es que a la hora de la verdad son todos iguales. Y en fin, que al poco rato se fueron juntos volando en busca de intimidad. Unos segundos después, o a lo mejor una hora, porque mi situación de extravío anímico y temporal era total y absoluta, los vi acoplados en el techo del toldo. Entonces me eché a llorar como una magdalena.

—Ay, ay, ay —me lamentaba como una plañidera—. Ahí, en el techo del toldo tenía que estar yo y no esa puleñandusca.

Luego ocurrió algo terrible. Salió la camarera de la cafetería y se puso a enrollar el toldo con el brazo metálico. Como los dos tortolitos estaban acoplados no se podían echar a volar, de modo que a los pocos segundos no eran más que otro manchurrón en el toldo.

—¡Uy! —exclamé, anonadada—. Si no llega a venir la mosquita esa, ahora estaba muerta. Si es que no hay mal que por bien no venga.

Aunque ya era tarde, me decidí a volar esquivando murciélagos rumbo a mi casa. Ahora, el señor Antonio y la señora Dolores están viendo "First Dates", mientras la Shanon y el Kevin no dejan de darle al móvil. Yo, aquí, en el techo del salón, repaso el día con una sensación agridulce. Pero no pierdo la esperanza. El optimismo es mi bandera.

DÍA DIECISIETEAVO

Desde luego, en esta vida las cosas ocurren cuando menos se lo espera una. O, mirado desde otra perspectiva, ocurren cuando tienen que ocurrir y ya está. Salvo que no ocurran nunca, en cuyo caso habrá que pensar que no estaba de Dios que ocurrieran. Aunque también es cierto que hay muchas cosas que ocurren cuando sí se las espera una. Luego toda esta reflexión inicial no sirve para nada. O sí. Veamos.

Todavía no había amanecido cuando el señor Antonio se levantó de la cama y se fue derecho al cuarto de baño, encendiendo a su paso todas las luces habidas y por haber, entre ellas la del salón, donde yo dormía hasta ese momento a pata suelta. Luego salieron del baño unos como gruñidos con mucho abrir y cerrar de grifos, sobre fondo de noticias de radio. Apareció el hombre al cabo de un rato en calzoncillos y camiseta de tirantes, bien afeitadito, poniendo rumbo a la cocina. Y yo con él. Delante de mis ojos que lo estaban viendo, peló un limón y se lo metió entero en la boca, no sabiéndose nunca más de él (del limón, claro, no del señor Antonio). Ese fue todo su desayuno. Luego, marchó al dormitorio, salió en cosa de unos segundos o más vestido con un chándal de los de la Olimpiada de Montreal, cogió las llaves de la furgoneta y se fue. Todo se quedó a oscuras de nuevo, quedándome yo pensando en lo malo que tiene que ser desayunar un limón a palo seco. El caso es que con todo aquello me entró el hambre, así que me fui a posar en la encimera, a ver si palpando palpando me topaba con algo que llevarme a la boca. Y por allí andaba, en medio de una oscuridad absoluta, cuando me di cuenta de que no estaba sola. Lo noté porque, aunque no lo parezca, las moscas y los moscos también desprendemos nuestro olor. El que yo olía era de mosco, sin lugar a dudas. Lo cierto es que me puse nerviosa enseguida. Inmediatamente me olí las entrealas y respiré aliviada al saber que aún me quedaba algo de la fragancia de vinagre de cebolleta. "Huela como huela, este mosco no se me vuela", pensé, haciendo sin querer un   ingenioso pareado. Entonces empecé a caminar acercándome a él, guiada por el olor, porque no se veía una higa. Y de pronto dijo una voz con un acento que me pareció rarísimo:

—¿Quién anda ahí, que huele a cebolleta?

—Una congénere —le contesté, atiplando la voz para parecer lo más jovencita posible.

—Ah, bueno, menos mal —me dijo—. Es que esta noche ha venido una plaga de polillas africanas, grandes como cartuchos de escopeta, que da miedo verlas, aunque no hagan nada. Y ya creía que eras tú una.

Me acerqué aún más a su vera y no tardé en toparme con unas gotas a medio secar de sangría. Como estaban bastante azucaradas, se dejaban succionar que daba gusto. El mosco también le daba al morapio.

—Hay que tener cuidado con esto —me dijo—; se te sube a la cabeza por menos de nada.

Sin embargo noté enseguida por el olor que él también se iba acercando a mí como quien no quiere la cosa, hasta que estuvimos tan cerca el uno del otro que nuestras alas se tocaban ligeramente. La cosa se ponía interesantísima.

—¿Y tú cuántos días tienes? —le pregunté, así como a lo tonto.

Me dijo que trece, aunque me pareció por el timbre de voz que ya serían veinte, y como me preguntó lo propio le dije que diez. Luego le pregunté un poco por su vida y me dijo que toda su infancia la había pasado en Lisboa, hasta que un día se le ocurrió meterse en el autocar del Benfica, para disfrutar del aire acondicionado, sin saber que se iban de gira. Cuando pararon en Tordesillas, salió a estirar las alas, se desorientó y ya no supo del autocar nunca más.

—No sabes la saudade que tengo —suspiró con pena, para proseguir después—. Luego, lo típico. Que si coges un coche, que si coges un tractor, y al final te ves acabando tus días en un pueblo donde no se te ha perdido nada.

—O sea, que estás solito —le dije yo, intentando hacerme la tierna.

—Ya lo creo —me respondió.

Como la sangría se nos fue subiendo a la cabeza, empezamos los dos a desinhibirnos y a decir bobadas para caernos bien. Luego no sé cómo salió el tema del acoplamiento y los dos confesamos que nunca nos habíamos acoplado. Y cuando nos quisimos enterar, ¡zas!, en ello estábamos.

He de anotar que fue un rato de felicidad no exenta de angustia, pues el lugar donde nos encontrábamos era peligrosísimo si a alguien se le ocurría pasar por ahí y encender la luz. Vamos, dos moscas acopladas en mitad de la encimera de la cocina es imposible no verlas y además son un blanco facilísimo. Pero tuvimos la suerte de que no pasara nadie. También es verdad que todavía era muy pronto. De hecho, cuando nos desacoplamos seguía sin verse absolutamente nada.

—Muito obrigado, linda. Tem sido un prazer —me soltó en su lengua natal.

—Muchas de nadas —le dije yo—. No sabes lo feliz que me hace tener ya mis huevos fecundaditos.

Y como soy así, acto seguido le dije la verdad sobre mi edad porque no soy capaz de mantener una mentira ni cinco minutos. Entonces él se echó a reír muy socarronamente hasta que me confesó que él tampoco tenía trece días sino treinta.

—¡Qué barbaridad! —exclamé—. ¡Eso en términos humanos son como ciento diez años o doscientos!

Luego le pregunté que cómo podía ser que en treinta días de vida no se hubiera acoplado con ninguna.

—Pues como ya da igual todo te lo voy a decir —dijo, y yo me temí lo peor—. Soy feísimo. Siempre me han dado calabazas y, si te digo la verdad, hace ya varios días que había arrojado la toalla —se calló entonces un momento para añadir—: fíjate que la última a la que se lo propuse me contestó literalmente que "vamos, ni aunque fuera el último mosco sobre la faz de la tierra".

"Esa frase me quiere sonar", me dije yo, y entonces me quedé catatónica durante veinte minutos. Esta vez sí que sé que ése fue el tiempo exacto porque cuando me recuperé del soponcio el mosco me dijo que llevaba veinte minutos justos preguntándome si estaba bien, y que ya estaba pensando que me había muerto de un cataflús. Por supuesto, le dije que estaba estupendamente y que me había dado el típico vahído fruto del embarazo, pero que no tenía la menor importancia.

—Y ahora, si no te importa, me marcho —le dije, dándole un beso en la punta del ala con la trompetilla—. Estoy ya ansiosa por buscar un sitio adecuado donde poner mis huevos.

—Espero que a tua vida esteja a correr bem, meu amor —me dijo, todo cariñoso.

Reconozco que me emocioné. Y a fuer de ser sincera he de decir que si me separé de él tan pronto fue porque no quería que nos sorprendiera la luz mañanera y que me reconociera. Hubiera sido tremendo. Así que me largué de allí volando aún a oscuras, chocándome contra la puerta de la cocina por tres veces antes de lograr abandonar la estancia. Después me dirigí a la luz que se colaba por una rendijilla de la persiana del salón y me posé en la barra de la cortina donde pasé un ratazo tratando de digerir todo lo sucedido durante aquella noche loca de sexo y alcohol. Lo mejor era que ya iba a tener descendencia si nada se desgraciaba. "Los animales nacen, crecen, se reproducen y mueren —me dije, tal y como me lo había dejado mi madre grabado en el subconsciente—. Y yo voy a cumplir con las cuatro cosas". Lo peor era el recuerdo exacto que me venía del cuerpo del mosco. Aquellas patas peludas, aquel abdomen superfofo, aquella trompetilla escrofulosa, aquellas alas contrahechas…, en fin, aquel "todohorrible" que se posó a mi lado en la pata de la mesa de la terraza del bar ¡resulta que iba a ser el padre de mis criaturas! Pero bueno, después de mucho darle vueltas, vestida una vez más con mi supertraje de mosca optimista, me vine arriba pensando primero que a lo mejor mis vástagos salían a mí y eran reguapetones, o no tanto pero potables. Y segundo que por lo menos el mosco aportaba unos genes de longevidad brutales, de esos que en los humanos ayudan a arruinar a la Seguridad Social.

Pensando en esas y otras cosas de parecido tenor, y ya bastante más relajada, me entretuve al tiempo que me aseaba a base de bien. Cuando me cansé de pensar, me quedé dormida y ya no me desperté hasta que la señora Dolores subió la persiana con tales ímpetus que creí que había un terremoto. Salí volando de la cortina y tiré casi inconscientemente hacia la cocina, con unas ganas de comer locas. En ese momento el Kevin estaba sentado a la mesa con un despliegue considerable de cosas apetitosas delante de él. El tarro de la mermelada de melocotón estaba abierto y los ribetes que había en el borde estaban diciendo literalmente "succióname". El caso es que me acerqué como quien no quiere la cosa y cuando chuperreteé un poco me entraron unas nauseas horribles. Y lo mismo pasó con la grasilla del envoltorio de un donuts y con unas gotas de leche. Y claro, me puse tan contenta, porque eran síntomas evidentes del embarazo. Además, se me antojó chupar un hongo verde que había en la tapadera del tarro de mermelada, cosa que jamás se me hubiera ocurrido en condiciones normales. Así que nada, era evidente mi estado de buena esperanza. ¡Qué felicidad!

Tan contenta estaba que a la primera mosca que se me puso a tiro se lo dije sin ningún rodeo. La congénere me miró sorprendida y me preguntó que qué hacía dentro de la casa perdiendo el tiempo cuando ya tenía que estar buscando un lugar donde ponerlos.

—Mejor dicho, varios —se corrigió a sí misma.

Y era verdad. Si ya me dejó mi madre grabado en el subconsciente que en cuanto tuviera los huevos fecundados no perdiera ni un segundo en buscar dónde ponerlos. "Los huevos son como los ahorros, hija —me dejó grabado también—. No se te ocurra ponerlos todos en la misma cesta". Así que la mosca aquella me generó un estrés horroroso, haciendo que saliera inmediatamente de la casa por la puerta del corral y poniéndome a dar vueltas por allí, monitorizando todo el recinto en busca de un lugar apropiado para hacer una primera puesta. Por supuesto, no tardó un pájaro en echarme el ojo y a fe mía que le tuve que hacer un quiebro tal que en un concurso de cortes hubiera ganado el primer premio. Eso sí, sentí cuando hice el esfuerzo como un crujido en el tórax que hizo que me saltaran todas las alarmas. "Estoy chunguísima —me dije—. Como no me dé prisa, me voy al otro barrio con la barriga atiborrada de huevos". Había que ponerse a ello cuanto antes.

Los primeros cuarenta y seis huevos los puse en la esquina más oscura y apartada del gallinero, en una zona llena de gallinaza a más no poder. Me jugué la vida allí porque había una gallina que no dejaba de entrar y salir, moviéndose dentro del gallinero más que un saco pulgas. Qué sin vivir, oye. Porque cuando una echa una tanda de huevos, se tiene que quedar quieta y no puede parar de echar hasta que el cuerpo le dice "basta por ahora". Luego me fui a la cuadra del lechero, donde resultó que había una fiesta colosal a cuenta de que el hombre había comprado otra vaca, de una raza distinta, y allí estaban las dos, haciendo las delicias de toda una legión moscuna. Me encontré allí a varias conocidas, y alguna me comentó que la vaca nueva echaba unas boñigas mucho más tiernas, sabrosas y acogedoras.

—Uff, esto es descomunal —me dijo—. Es como pasar de un buffet de dos estrellas a uno de cuatro.

Y cuando le comenté lo que andaba buscando, me sacó de la cuadra y me llevó a una cuneta junto al camino por el que el lechero llevaba a las vacas a pastar, donde había un conejo muerto hacía días, atropellado por un Land Rover o similar. Realmente un sitio ideal para hacer otra puesta. Y dejé otros doscientos veinticuatro huevos. Lo malo fue que el esfuerzo que tuve que hacer esta vez me dejó agotada, así que sin darme cuenta me quedé dormida, tan feliz. Al despertarme, resulta que estaba ya atardeciendo y empezaba a cubrirse el cielo de pájaros, buscando la cena para ellos y sus polluelos. Pensé entonces en no moverme de allí hasta el día siguiente, entre otras cosas porque se estaba muy a gusto entre los pellejos del conejo, pero luego me asaltó una pregunta inquietante:

—¿Y si viene un animal carroñero y me tengo que largar de aquí cuando el cielo esté atiborrado de pájaros?

Me entró sólo de pensarlo una cagalera de cuidado, no tardando ni ocho segundos en salir zumbando en busca de mi casa. Y menudo mal rato que pasé porque al principio no tenía ni idea de dónde estaba. Menos mal que acabé localizando el Centro de Salud y de allí a casa ya me sabía el camino. Pero de todos modos, tuve que volar bajísimo y haciendo constantes paradas para evitar que me engullera cualquier bicho con plumas. Porque es que ¡anda que no doy ya el cante volando por ahí! Ya no puedo echar para arriba la pata del medio por culpa de los huevos que aún tengo dentro, que deben de estar más gordos que antes de fecundados, petardeo más que nunca y vuelo tan despacio que a veces me parece que lo hago hacia atrás.

No obstante llegué a casa enterita, aunque ya de noche. A la puerta estaban tomando el fresco la señora Dolores con la Shanon, sentadas en unos poyetes de piedra que hay adosados a la fachada. Al estar abierta de par en par, me metí a toda prisa y dentro me encontré al señor Antonio teniéndoselas por enésima vez con el Kevin en el salón.

—Ay, papa, déjame ir mañana al encierro de Cuéllar con el tío Quinito —decía el chico.

—No me da la gana. Que estás castigado sin ir de parranda por fumar porros —replicaba el padre, muy implado.

—Mira que si no me dejas, me voy yo solo haciendo autostop —le apretaba las tuercas el Kevin.

—Si te vas tú solo no entras en casa en mil años y cuando entres te mando a la lámpara de un puñazo —le amenazaba el padre, puño en alto.

Así estaban cuando hizo acto de presencia la señora Dolores, que no tardó ni medio segundo en ponerse de parte de su hijo.

—Anda, Antonio, no seas así, que la juventud está para divertirse y no creo yo tampoco que haya matado a nadie —intentó persuadirle con buenas razones.

—¡Que no me da la gana! —gritó el señor Antonio—. ¡Que me dejéis ver la tele en paz!

Entonces llegó la Shanon y empezó a decir que había que dejar ir al Kevin a Cuéllar porque así le podía devolver unas pinzas del pelo a una amiga que tenía allí.

—¡¿Por qué no sos vais todos a tomar por saco y me dejáis en paz, leches?!

Al final, de todas formas, el señor Antonio ha dado su brazo a torcer, poniéndole como condición al Kevin que no haga tonterías; vamos, que ni se le ocurra arrimarse a los toros. Y como se me ha ocurrido que en Cuéllar habrá por ahí boñigas a manta, de caballos, toros y cabestros, por no hablar de las delicias de los toriles, he decidido que mañana me voy yo con ellos a poner los huevos que me quedan. Venga, a dormir, que no puedo más.

DÍA DIECIOCHAVO

Esta madrugada, a eso de las tres o las seis, me desperté con nuevas contracciones. Había otra puñada de huevitos queriendo salir. Así que nada, tocaba buscar rápidamente donde ponerlos. Pero pronto me topé con el problema de que la casa estaba herméticamente cerrada. La puerta de la calle, la que comunica la cocina con el corral, las ventanas del salón, las del baño, la del pasillo, las propias de la cocina, todas estaban cerradas a cal y canto. A los dormitorios no tenía acceso, pero estaba segura de que en el del matrimonio y en el de la Shanon tampoco podría encontrar la ventana abierta porque madre e hija son dos frioleras de cuidado y por la noche sólo se quitan la manta por encima de los treinta y cinco grados, temperatura que afortunadamente aún no se ha alcanzado en Castilla de madrugada desde el Neolítico, por lo menos. La que suponía que sí que estaría abierta seguro era la ventana del cuarto del Kevin, que por la noche entra y sale por ahí cuando le da la gana a hacer lo que le da la gana sin que se enteren sus padres. Así que intenté pasar por debajo de la puerta haciendo un esfuerzo tan grande que a poco me autoaplasto y me dejo todos los huevos en el dintel. Todo para nada. ¡Y encima menudo gasto de energía, con lo que me cuesta ya hacer todo! Así que al final intenté ir andando desde allí hasta la cocina, pero tan cansada estaba que me tuve que contentar con alcanzar el baño, donde busque acomodo debajo de la cisterna de la taza. El sitio era lóbrego, húmedo, poco idóneo en general para poner los huevos, salvo por lo sucio que estaba, y encima sabía yo de una telaraña que había por allí cerca. Pero me daba igual; los huevos se me iban escapando literalmente por el camino, de modo que en el sitio elegido no pude poner ya más que unos cuarenta. "De todos estos no me viven ni dos", pensé con tristeza. Pero bueno, nunca se sabe. A lo mejor se les vuelca el vaso de la escobilla con el consabido néctar y queda todo bien abonado para un nacer de larvas ideal. Con esa esperanza me quedé totalmente amodorrada hasta que el Kevin encendió la luz.

—¡Dios mío! —dije con un hilo de voz—. Estoy muerta y ya me tengo que ir a Cuéllar.

Entonces me di cuenta de lo que es capaz de hacer una madre por sus huevitos. Porque saqué fuerzas de flaqueza y eché a volar rumbo a la cocina, dispuesta allí a esperar a que apareciera el Kevin y se hiciera el café. Me quedé esperándolo detrás de la cafetera, donde casualmente encontré una mancha de mostaza más dura que mil demonios pero que me devolvió la vida. Llegó luego el chico a la cocina, se preparó el café y, en cuanto dejó sobre la mesa la cucharilla con la que acababa de revolverlo para disolver el azúcar, a ella que me fui como una posesa, sin darle importancia al petardeo.

Y entonces ocurrió lo increíble: en vez de soltarme el típico manotazo para espantarme, se me quedó mirando fijamente. "Me va a soltar la madre de todos los porrazos", pensé en el acto, sin atreverme a mover un músculo. Pero qué va. Agarró la cucharilla y se la puso delante de los ojos. Me miró con tal detenimiento que acabé por mover una patita en señal de paz y amor. Luego, lanzó la cuchara al fregadero al tiempo que yo salía volando. Desde luego, el comportamiento de los humanos con nosotras a veces es incomprensible. En fin, que en cuanto acabó de desayunar, me metí en la taza y succioné del fondo todo el café azucarado que quise, atenta eso sí, a los ruidos que hacía el Kevin, pues no quería que se largara a Cuéllar sin mí.

Al poco rato, recibió el chico una llamada por el móvil y salimos los dos corriendo de casa. Fuera estaba esperando la furgoneta del tío Quinito con el tío Quinito dentro. ¡Y qué furgoneta! La del señor Antonio es un Rolls Royce comparada con esa. Pero a mí me daba igual, que lo importante era llegar a Cuéllar. Además, en cuanto me di una vuelta por la zona de carga me puse contentísima porque el tío Quinito transportaba un montón de melones y sandías, y ya notaba yo, por el olor a pocho que alguno despedía, que podría llegar a Cuéllar meloneando sin parar. Aparte de que no estaba sola, pues media docena de congéneres, bastante más lozanas que yo, viajaban en la parte de atrás de la furgoneta. A los pocos segundos de arrancar, ya nos habíamos acomodado todas sobre el melón pocho y, entre chupeteo y chupeteo, entablamos amena conversación.

—Pues yo he estado ya en los encierros de La Seca, de Pozaldez, de Serrada y de Ataquines —me dijo una—. Me encantaría llegar a los de Olmedo, pero no hay mosca que viva tanto.

—Yo echo cuentas y estoy loquita por vivir lo suficiente como para ver al menos el primero de los de Portillo —apuntó otra—. Mi madre me ha dejado grabado en el subconsciente que como los de Portillo no los hay en todo el mundo.

Mientras eso decían, estiraban bien las patas y las alas para afrontar el encierro en plena forma. Yo entonces les expliqué a lo que iba a Cuéllar, pareciéndoles a todas una gran idea buscar directamente los toriles para poner los huevos.

—Aunque ya que vas, hija mía, haz un esfuerzo y quédate por el embudo, a la entrada del pueblo, que es donde mejor se ven y merece la pena —me recomendó una congénere con pinta de saber lo que se decía—. ¡Y luego a disfrutar del cáterin!

Ni que decir tiene que a nosotras lo que nos atrae más de los encierros es la parte escatológica y sudorosa del asunto. La combinación de toros, cabestros, caballistas, corredores, etc., todo al calorcillo del verano y en su salsa, es para nosotras algo así como la antesala del Paraíso.

El caso es que cuando me quise dar cuenta ya habíamos llegado a Cuéllar. Como me había repuesto energéticamente gracias al meloneo y no tenía contracciones, decidí unirme al grupo y fuimos todas juntas al embudo, a ver pasar los toros. Allí nos quedamos, al principio en una talanquera, pero luego, cuando se llenó aquello de gente, cada cual se buscó sitio donde pudo. Yo lo encontré en la boina de un señor, junto al rabillo, y se estaba tan en la gloria que a poco me quedo dormida. Pero de pronto se hizo un jaleo enorme, señal inequívoca de que llegaban los toros, y el señor de la boina se subió a una ventana corriendo.

—Mala ventana es esta como un toro se fije en ti —le dije al señor, inútilmente.

Afortunadamente para el señor de la boina, los toros pasaron a toda pastilla, y ninguno se fijó en él. Yo, ya puestos, decidí ir volando detrás, mezclándome entre los mozos que seguían a las reses. Entonces me di cuenta de que lo más peligroso no eran los toros sino un tipo con aire neandertal que iba con una cayada dándole a un cabestro en los cuartos traseros. Cada vez que echaba la cayada hacia atrás descalabraba a alguien. Pero anécdotas al margen, lo cierto es que las fuerzas me empezaron a flaquear enseguida, así que no tardé ni medio minuto en perder de vista a la manada. Menos mal que venía un cabestro rezagado y lo pude coger por el rabo, de suerte que me hice todo el recorrido que quedaba del encierro hasta llegar a la plaza sin necesidad de volar ya más. Cuando llegué allí, me fui del cabestro a un burladero y estuve tan pichi viendo la capea que había después del encierro. De vez en cuando, bajaba al ruedo a chupar una boñiga que tenía a un par de metros y volvía a subir. Era divertido ver a los cortadores haciendo gala de su pericia. Pero la diversión se acabó cuando divisé al Kevin en el ruedo dándoselas de valiente.

—¡Como se entere tu padre, te mata! —le grité con todas mis fuerzas; poquísimas, la verdad.

Y claro, pasó lo que tenía que pasar. Después de un par de cortes de poco riesgo que le hizo el Kevin a una vaca brava, de esas que sacan para la ocasión, se animó el tonto de él con uno bastante más ajustado y la vaca lo enganchó y lo tiró por los aires. Yo, que estaba muy cerca y al quite en ese momento, volé a un ojo de la vaca para molestarla todo lo posible, y gracias a eso y a otros mozos que me echaron una mano, la cosa quedó sólo en un susto descomunal.

Con todo, la peor parte del incidente me la llevé yo, que me quedé adherida al ojo de la vaca, untada de patas y alas de una sustancia viscosa que aunque se podía chupar con cierto gusto me tenía completamente atrapada. "Como me entren aquí las contracciones le lleno de huevos el ojo", me dije toda angustiada. Además, se veía que mi presencia en el ojo le resultaba a la vaca bastante molesta, porque no dejaba de abrirlo y cerrarlo, sintiéndome yo como mecida en una balsa de aceite y al albur del oleaje. El caso es que tuvieron a la vaca en la plaza ni lo sé el tiempo, como media hora o dos, porque no había manera de que se metiera en los toriles ni con ayuda de los cabestros. Al final lograron meterla a base de darle puyazos y de menearle un paraguas delante de las narices para que se arrancara. Una vez dentro, la vaca se fue derecha al abrevadero y yo, haciendo un esfuerzo ímprobo, logré salir de las comisuras del ojo donde estaba, toda hasta arriba de jugo ocular vacuno. Como no podía volar, de lo perdidita que estaba, no me quedó otra que encaramarme a patita a la punta del cuerno de la vaca para limpiarme allí de arriba abajo.

—¿Sabes, chata? —le dije a la vaca, aunque la vaca no es más que un animal irracional y por tanto ni entiende ni huele—. Esto me va a llevar toda la mañana. Pero peor hubiera sido que hubieras corneado al crañoto pelado del Kevin.

Bueno, toda la mañana no me llevó, pero muchísimo sí, o eso creo, aunque tampoco tengo claro lo que pueda ser muchísimo. Lo que ocurrió después fue tan de seguido que casi ni me enteré. Me entraron unas contracciones horribles justo cuando terminé de asearme, volé zumbando a una esquina particularmente estercolienta, valga el palabro, y allí puse tal cantidad de huevos que no los pude ni contar. Vamos, que solté todos los que me quedaban. ¡Qué alegría, qué alboroto, por fin di a luz todo lo que tenía que dar! ¡Y qué alivio! Sentí algo nuevo en mi interior, como decía Rosa en la canción aquella de Eurovisión. En realidad lo que pasó es que al quedarme sin huevos recuperé cierta vitalidad, o más bien me sentí más ligerita. Incluso me dio la sensación, cuando salí volando de los toriles, que petardeaba menos.

En cuanto me alejé de la plaza, el hambre me empezó a acechar de nuevo, pero como las calles aledañas estaban de restos variados a más no poder, como sucede siempre en fiestas, no tardé ni un segundo en allegarme a un plato con cabezas y colas de pescaíto frito del día anterior. Riquísimo, oye. Mientras comía me entró una suerte de depresión posparto. Pensé por un momento de nuevo en aquello de que los animales nacen, crecen, se reproducen y mueren y me dio un canguelo notable al reparar en que a mí ya sólo me quedaba por hacer lo último. "Así es la vida —me dije—, y que te quiten lo bailao".

Como supuse que era tarde, en cuanto rebañé la cola del último pescaíto, salí volando a dar una vuelta por el pueblo, en busca del Kevin o del tío Quinito, que cualquiera de los dos me venía bien para acabar volviendo a casa. Y sucedió que estando por la zona de atracciones, donde ponen las casetas de bingos, carabinas, dardos y demás, me topé con el surroñolo tiñundio aquel que me metió en el interior del vaso en la piscina y luego me agitó inmisericorde. Estaba a punto de tirar a unos palillos con la carabina y allá que me fui a molestar toda rabiosa. Me posé directamente en la mirilla en el momento justo y el perdigón salió con dirección a Jerusalén, que casi le da al encargado de la caseta.

—¡Chico —le dijo con muy malas pulgas—, que casi me sacas un ojo!

El chico se excusó mencionándonos a mí y mi madre, muy maleducado él. Al segundo tiro, me paseé por delante de los palillos haciendo unos zigzags gloriosos y el perdigón salió esta vez con dirección a Madagascar. Y luego llegó el tercer y último tiro. Cuando lo noté más concentrado y a punto de disparar, me puse a petardear junto a su oído como nunca lo había hecho. Soltó entonces la escopeta y trató de abatirme a manotazos, pero yo me escabullí y me fui a posar en la punta del palillo que tenía delante de sus narices.

—¡Dispárale a la mosca, que está ahí! —le dijo un amigo que tenía a su lado.

Eso es lo que yo quería, que intentara dispararme, a ver quién tenía más sangre fría en la batalla final. Y el muy tonto me apuntó y disparó justo después de que yo, jajajaja, emprendiera el vuelo, muerta de risa.

—Hale, cinco euros tirados —le dije a la cara antes de salir zumbando.

Y más aún hubiera tratado de amargarle la mañana a aquel chico demoniaco si no hubiera sido porque de pronto empecé a oír de lejos una voz que salía de un altavoz y que me pareció la del tío Quinito vendiendo melones. Yendo hacia la voz localicé en un plis plas la furgoneta, en la que iban tanto el tío Quinito como el Kevin. Me metí en ella por la ventana del copiloto y busqué enseguida el melón pocho, esperando toparme con mis paisanas y comentar con ellas el encierro. Pero sólo había una, y no tenía muy buena cara.

—¿Y las demás? —le pregunté.

—Muertas —me respondió, con la trompetilla de capa caída—. Estando en la plaza de toros vimos a un cabestro soltar una plasta que nos pareció divina. Allí que nos fuimos todas, y cuando estábamos tan felices succionando llegó el cabestro y echó en el mismo sitio una plasta aún mayor. Yo me libré porque estaba en un borde, pero las demás murieron aplastadas, nunca mejor dicho. En fin —suspiró—, así es la vida.

El relato de mi colega me dejó compungida. Luego me quedé dormida y luego me desperté, comí melón y me volví a dormir. Y así no sé cuántas veces. De pronto, y estando yo en estado más o menos catatónico, la furgoneta se paró. Pensé entonces que ya habíamos llegado al pueblo, así que me desperecé y me dispuse a salir, posándome en el techo, junto a una de las puertas traseras. "Digo yo que abrirá para sacar los melones", me dije. Pero qué va. Resulta que no habíamos llegado al pueblo ni nada por el estilo. Me di cuenta cuando escuché una voz muy seria que decía:

—Su documentación y la documentación del vehículo, por favor.

—¡Rediós —grité espantada, mientras volaba rumbo al salpicadero—. Nos ha parado la Guardia Civil!

En tal tesitura una sólo podía temerse lo peor, pero lo cierto es que el tío Quinito supo defender su posición con soltura y aunque no tenía la Itv pasada logró que no le pusieran multa ni nada. Eso sí, prometió por la Virgen de Los Remedios ir corriendo al día siguiente a pasarla.

—Otra cosa es que la pase, que lo dudo mucho —dije yo de cara a la galería.

Después del percance, continuamos la marcha, no tardando en quedarme sopa en el reposacabezas del asiento del Kevin. Y cuando me he despertado y he querido salir de la furgoneta, no he podido porque está cerrada a cal y canto. Así que nada, aquí estamos mi congénere y yo como dos cosas tontas sin poder salir. Menos mal que los melones siguen aquí y hambre no vamos a pasar.

DÍA DIECINUEVEAVO

Hoy ha sido un día bastante lamentable en líneas generales. Casi lo único bueno que puedo sacar de él es que aún sigo viva. Aunque por otra parte hago mía esa frase típica de los más viejos del lugar: este cuerpo pide tierra.

Para empezar, la noche volvió a ser malorra. No sé ni las veces que me desperté a evacuar. Veo que me voy por abajo con suma facilidad. Encima mi congénere me dijo que me había pasado la noche diciendo en alto cosas ininteligibles y haciendo vibrar el ala chunga. Vamos, una cosa al parecer insoportable. Tanto que se separó de mi lado y se fue a dormir a la otra punta de la furgoneta, según me dijo cuando, ya de día, nos juntamos para desayunar melón. Y como me dolía todo y no estaba de humor para nada, la mande a esparragar con cajas destempladas.

—Anda que no te has hecho vieja ni nada en una noche, maja —me espetó—. Menudas malas pulgas te empiezas a gastar.

—Y tú podías respetar las canas, cruñofa —le dije yo, con un tono de voz que me pareció más cascado de lo habitual—. La juventud ya no respeta nada.

Y así andábamos cuando el tío Quinito abrió la puerta del piloto de la furgoneta. Mi congénere salió pitando camino de la calle y yo intenté hacer lo propio, pero me dio un tabardillo en el abdomen que me dejó en el sitio.

—¡Ven aquí, anda —le dije a mi congénere— y ayúdame a emprender el vuelo, que yo sola no puedo!

Pero la muy ñunosca me hizo un corte de mangas feísimo, sin darse la vuelta siquiera, y ya no la volví a ver más.

—¡Así te coma el primer gorrión que pase! —le grité a la desesperada.

Total, que allí dentro que me quedé y el tío Quinito arrancó la furgoneta. Estaba claro que nos íbamos de excursión a pasar la Itv.

Durante el trayecto, me dediqué primero a asearme bien aseada, porque si una mosca guarra es lo último, una mosca vieja guarra ya ni te digo. Luego empecé a masajearme, con las patas delanteras primero y con las traseras después, la zona del abdomen que se me había quedado más tiesa que la mojama, haciendo caso a mi madre, que me ha dejado grabado en el subconsciente que "darte calor es lo mejor que hay para todo". Cuando noté que me encontraba mejor traté de emprender el vuelo dentro de la furgoneta. Fracaso total. Fui entonces caminando por el suelo hasta que encontré un sitio en la chapa caluroso a más no poder.

—¡Esto sí que es calor! —exclamé más contenta que Chupita.

Supongo que por debajo pasaría el tubo de escape o algo así. Lo cierto es que pasado un rato ya pude emprender el vuelo, yéndome a posar en la bandeja del salpicadero, entre unas casettes, porque esta furgoneta es la típica con radio casete MX Onda. (Vamos, el último grito hace cuarenta años). Al tío Quinito se le notaba preocupado, y no me extrañaba nada. Yo creo que más que no pasar la Itv le preocupaba que le mandaran la furgoneta directamente al desguace. El caso es que cuando llegamos allí y nos tocó el turno, después de media hora o tres de esperar pacientemente, el hombre que nos tocó para hacer la revisión debía de tener un buen día, porque no nos puso muchas pegas. Si bien es cierto que en el crítico momento, o sea, revisando los humos que salían del tubo de escape, me lancé yo a molestar a lo bestia, sacando fuerzas de flaqueza y posándome una y otra vez sobre todos los aparatos donde hubiera agujas para confundirle y ponerle nervioso. El hombre me intentaba sacudir con una mano mientras manipulaba con la otra. Jajaja. Por la cara que ponía se veía a una legua que no se centraba.

—Le han salido a usted treinta defectos menos graves —le dijo otro señor al tío Quinito mientras le daba la pegatina de rigor—. Así que haga el favor de llevarla al taller y ponerla a punto porque cualquier día le deja tirado.

Así que nos metimos los dos en la furgoneta muy felices y dichosos. Nada más entrar me topé con un mosco, que estaba posado en una esquina de la luneta delantera. Como ya me da todo igual y entraba petardeando y tosiendo que daba gloria, el mosco se me quedó

130

mirando y luego me dijo, el muy crebuño, con la sola intención de zaherir:

—Ten cuidado, no te vayas a dejar por ahí olvidada la trompetilla postiza.

Yo me lo quedé mirando sin decir nada, toda indignada. Y encima se reía. Pero poco le duró la risa, porque de pronto el tío Quinito estampó la pegatina de la Itv justo donde estaba él.

—Hale —dije yo, sin poder menos que alegrarme—. Ahí te quedas hasta agosto del año que viene.

Luego el tío Quinito arrancó la furgoneta y se dispuso a salir de la Itv. Pensé yo entonces que no tardaríamos en volver a casa pero la cosa fue por otros derroteros en cuanto el tío Quinito se dio cuenta de la cantidad de vehículos que estaban esperando para pasar la Itv.

—Aquí hay mucha gente amontonada como para dejar pasar la oportunidad —pensó el hombre en voz alta.

Entonces, en vez de tirar para casa, lo que hizo fue aparcar la furgoneta justo a la entrada de la Itv, abrir las puertas traseras de par en par y colgar unos letreros en los que ponía "dos melones, ocho euros. Una sandía, cinco euros". Como tenía melones y sandías para dar y para regalar, me di cuenta enseguida de que me iba a tener que quedar por allí varias horas. Al principio, anduve un poco aburridilla, sin más aliciente que ver la cara de alegría del tío Quinito cada vez que vendía algo, lo que acaecía cada poco, la verdad. Pero luego me empecé a marear por culpa no sé si del calor, del olor a combustible o porque una tiene ya achaques por todas partes y los mareos son uno más. Pero llegó un momento en que empecé a sentir la necesidad de aire fresco, así que, con mucho esfuerzo, eché a volar para alejarme de allí durante un rato.

Madre mía, lo que me cuesta ya emprender el vuelo. Antes era pensarlo y hacerlo, todo a la vez. Ahora, primero flexiono las patas cuatro o nueve veces, cada vez con más ímpetu, a la par que voy agitando las alas más y más deprisa. Y cuando veo que la cosa ya va, salto hacia arriba y luego empiezo a avanzar. Por supuesto, de zigzaguear o hacer piruetas en el aire, nada de nada. Eso sí, mi optimismo prevalece a pesar de todo: puedo volar, que es lo importante. Con diecinueve días a mis espaldas, ¿qué más se puede pedir?

Como tampoco me quería alejar mucho de la furgoneta del tío Quinito, me limité a dar un paseo volando hasta una calle cercana, donde había unos niños de unos ocho o nueve años haciendo corro. Y como me picó la curiosidad por ver a qué jugaban aquellas criaturas aparentemente tan candorosas, me acerqué a ellas, posándome en la hoja de un plátano que les daba sombra. Entonces me quedé estupefacta. Los catroñomes de la gigantísima prusipuñoca tenían un bote de cristal con un montón de moscas a las que habían quitado las alas. Yo no daba crédito, y, aterrorizada, me preguntaba qué pensarían hacer con esas pobres congéneres. Dudé si quedarme o irme, pero me entró tanto canguelo pensando que si emprendía el vuelo me podían cazar, habida cuenta de mis pocas facultades, que al final me quedé. Y lo que presencié fue propio de la peor casa de los horrores. Primero sacaron a unas cuantas e hicieron un encierro con ellas. El recorrido del encierro lo habían hecho con cartones, y la plaza de toros, de moscas quiero decir, con la parte inferior de un tambor de detergente, que habían cortado con mucha habilidad, creo yo. El caso es que primero echaron las moscas en una suerte de toril y luego las hicieron correr por el recorrido dándoles picotazos con unos alfileres. Como mis pobres colegas iban de acá para allá sin rumbo ni norte, de vez en cuando las cogían con los dedos y las iban acercando a la plaza. Cuando terminó el encierro, y no contentos con aquella barbaridad, cogió uno y fue con un alfiler pinchando las moscas, haciendo con ellas un pincho moruno que clavó en una pared, prendiéndole fuego luego con un mechero. Yo, entre tanto, no paraba de insultarles a gritos, sacando a relucir lo peor y más granado de mi repertorio, sabedora, eso sí, de que no me podían oír. Finalmente, y como todavía les quedaban cuatro moscas en el bote, las usaron a las pobrecillas para lanzarlas a unas telas de araña de las muchas que había por aquella pared. El caso es que, dentro de la malignidad, la cosa no dejaba de tener su aquel. Había que tirar la mosca en la tela, pero en un punto lo suficientemente alejado como para que la araña saliera y quedara muy expuesta. Porque el objetivo final era cazar a la araña con un palo, que se usaba para taponar la guarida y luego, arrastrándolo, para llevarse a la araña y a la mosca por delante. De esa forma capturaron tres arañas, que colocaron en la acera y que luego, los muy freñinos, mataron de aquella manera mala.

—¡Madre mía! —me llevé yo las patas a la cabeza, ya harta de tanta atrocidad—. Aquí la civilización aún está por llegar.

Y aprovechando que estaban todos entretenidos con las arañas, me eché a volar de vuelta a la furgoneta. Cuando llegué, ya estaba el tío Quinito recogiendo los letreros. Tenía una cara de satisfacción que no podía con ella. "Este —pensé yo—, ha vendido todos los melones y todas las sandías". Efectivamente. Estaba la zona de carga de la furgoneta como un solar. No había quedado sin vender ni el melón pocho. Por suerte para mí, porque estaba muertita de hambre y de cansancio, había por el suelo algunas manchas pringochonas de melón con las que calmar el apetito. Mientras succionaba, no se me iban de la cabeza las bestialidades de los niños aquellos, que ojalá que un día se encuentren, camino del colegio, con un tiranosaurio o con un orco.

Cuando por fin llegamos al pueblo, respiré aliviada y me entró el ansia por llegar a casa. Sin embargo, casi me dejo la vida en la furgoneta de la manera más tonta. Resulta que abrió las puertas traseras el tío Quinito, estando yo tranquilamente posada en el suelo. Empecé entonces con los consabidos prolegómenos para echar a volar, que me llevan no menos de medio minuto o mucho más, pero estando aún posada, el tío Quinito empezó a arrojar melones y sandias en la furgoneta como quien lanza bolas en una bolera. Qué estrés, por el amor de Dios. Me empezaron a pasar por todos los lados y aún cuando emprendí por fin el vuelo creí que me estampaba contra una sandía que venía hacia mí como un meteorito. Aún no sé cómo la pude esquivar.

Ya fuera de la furgoneta, traté de orientarme porque no tenía ni idea de dónde estaba exactamente. Por fortuna era una hora de esas tórridas de la tarde en las que no pasa un pájaro ni de casualidad, así que pude volar de acá para allá sin riesgo de ser devorada. El primer domicilio familiar que reconocí fue el de Luis, el niño pianista. Como estaba abierta una ventana, me colé por ahí un poco con ganas de saludar y otro poco con ganas de molestar. Sin embargo, no me encontré al niño tocando, ni jugando, ni leyendo, ni nada. Estaba el pobre viendo la tele con las manos vendadas.

—¡Arrea! —dije yo, contemplándole al vuelo—. Al final la madre le ha tenido tocando hasta que en verdad le han ardido los dedos.

Pero de pronto una mosca que pasaba por allí y que me oyó me sacó de mi equivocación.

—Qué va, qué va —me dijo—. Todo lo contrario. Lo que ha pasado es que la madre se ha hartado de oírle tocar tan de pena y la muy bruta ha cerrado la tapa del piano cuando estaba tocando el "Claro de luna". Aunque más que el claro parecía el "Oscuro y sin luna". Le dijo que ya no podía más y que no iba a volver a tocar una tecla en toda su vida.

Me dio mucha pena el muchacho. A fin de cuentas ¿qué culpa tenía él de ser tan negado? Pero bueno, seguro que cuando se le pasen los dolores sentirá una liberación total. Y eso estaba pensando cuando apareció la madre en el cuarto de estar agitando el insecticida que llevaba en la mano.

—¡Dios mío, la muerte pelada! —grité, espantada y buscando ya dónde esconderme.

—No te apures —me dijo la colega—. Es uno de estos insecticidas que no huelen y que, por lo tanto, no matan. Eso sí, te dejan agilipollada —añadió con mucha gracia—, pero matarte, no te matan ni a la de tres. Lo sé porque ya me ha rociado tres veces en lo que va de día, y aparte de la risa floja y un mareo como de fumada, nada de nada.

Efectivamente nos persiguió la señora a las dos rociándonos todo lo que pudo, pero lo cierto es que abandoné la casa prácticamente sin sentir nada del otro jueves. Eso sí, en cuanto salí de allí tuve que posarme en donde primero vi para limpiarme y quitarme de encima toda esa rociada que me había dejado la mar de pegajosa. Pero qué calvario me resulta ya asearme. Si es que no me llego a ningún sitio. Tengo unas artritis por todas partes horrorosas. Y claro, tan cansada estaba cuando terminé de asearme que me quedé dormida una hora o tres.

Lo que pasó después fue de película de terror. Yo notaba un vaivén agradable y un cosquilleo en el tórax y en el abdomen, pero como aún estaba completamente amodorrada, y atontada quizás por el efecto del insecticida, pensé que era fruto de algún sueño o algo así. Lo cierto es que cuando abrí el ojo sano me di cuenta de que estaba boca arriba. Luego me di cuenta de que me llevaban en volandas. Y cuando por fin abrí los dos ojos y tomé conciencia de mí, me espanté de mi situación. Ocurría sencillamente que me transportaban entre varias hormigas a un hormiguero que no debía de caer lejos de allí. Me tenían agarrada por todas partes, vamos, que era imposible escapar. Las hormigas, que son un gremio que sólo me da repelús cuando las veo con alas porque me parece que se las han robado a algunas de mis congéneres, emitían ruiditos de satisfacción muy repelentes. Las pobres ni hablan, ni piensan, ni tienen sensibilidad ninguna, pero las truñonas de ellas actúan con la determinación de una división de tanques alemanes, no habiendo nada que se les oponga. Bueno, nada salvo que llegue un niño y le dé por echarle una meada al hormiguero, que eso, por lo que tiene de imprevisible, las vuelve locas. Afortunadamente aquello fue lo que ocurrió y las hormigas me soltaron de inmediato para correr a socorrer a su reina, a sus huevos o a lo que fuera. Qué miedo tendría yo cuando me soltaron, que me eché a volar casi en el acto, sin prolegómeno ninguno, y ya en el aire pude divisar al niño que desaguaba tranquilamente sobre el hormiguero. Era Pablito, ¿quién si no? Y no había terminado de hacer sus aguas cuando llegó su madre de no sé dónde, le soltó dos azotes en el culo y le metió en el coche, desapareciendo de allí casi como por ensalmo.

En cuanto me vi a salvo, me dio tal bajonazo que me caí redonda al suelo. No me sentía tan mal desde el día del balonazo y la situación no dejaba de tener su parecido porque estaba en medio de la calzada. Caminé entonces hasta la acera y una vez allí me metí debajo de una hoja a descansar un rato. Cuando recuperé fuerzas, y asumiendo riesgos que a estas alturas de la vida me empiezan a dar igual, me dirigí al lugar más cercano de donde estaba en el que tenía el condumio asegurado, o sea, la cuadra del lechero, donde el jaleo y la fiesta son cosa permanente. La verdad es que, sin ser mi verdadero hogar, este sitio es estupendo. Además, según me cuentan, el lechero va a traer una tercera vaca. Sospecho que esto va a provocar una inmigración masiva a este lugar. La lástima es que ya no he reconocido a ninguna mosca. Creo que no debe de quedar ya casi ninguna de mi quinta en todo el pueblo.

DÍA VEINTEAVO

¡Uf! Qué chungo se está poniendo esto. Lo digo porque me cuesta ya trabajo escribir cada palabra. Con la letra gótica tan bonita que tenía yo hasta hace nada, y ahora, fíjate, parecen piojos encadenados. Además, se me cae la baba encima de las palabras. Pero venga, ánimo, que hay que seguir.

Hoy me he levantado tardísimo, y cuando lo he hecho no estaban las vacas en la cuadra. Tampoco las moscas, obviamente. "Claro, se ha marchado todo el mundo y con la paz que reina aquí, ¿cómo me había de despertar?", pensé al asomarme a la ventana y ver que el sol ya estaba bien en lo alto. Con toda la pachorra propia de mi edad, me fui volando hasta la pala que usa el lechero para recoger las boñigas y echarlas en la carretilla y allí anduve desayunando plácidamente por lo menos siete cuartos de hora, cinco arriba cinco abajo. Había una paz sobrecogedora, tanto que empecé a sospechar.

—Aquí hay algo que no va bien —dije para mí. Y luego añadí más alto—: aquí hay algo que no va bien —y luego añadí más alto aún—: aquí hay algo que no va bien —y finalmente dije a grito pelado—: ¡aquí hay algo que no va bien!

Entonces descubrí que me estaba quedando sorda, porque solamente escuché con cierta nitidez lo que dije a gritos. Aunque me asaltó la preocupación, no tardé en asumirlo con cierta naturalidad. En realidad, el sentido del oído no es el más importante para nosotras, que a fin de cuentas lo que nos tenemos que decir que sea importante nos lo podemos decir con unos cuantos signos. Lo que pasa es que, en general, las moscas somos bastante chismosas y nos gusta cotillear cuando nos juntamos a comer, de ahí que la pérdida del oído sea más bien un fastidio. Pero bueno, tampoco me he quedado sorda del todo. De hecho, el petardeo del ala chunga me lo sigo oyendo que da gloria.

Cuando terminé de desayunar, más bien debería decir de comer, por la hora que era, salí a la calle por un ventanuco de la cuadra que tiene los cristales rotos y allí me topé con cierto jaleo de movimientos. Supongo que también de ruido, pero como estoy medio sorda ya no sabría decir. Lo cierto es que pasó delante de mis narices el típico tractor John Deere y escuché el rugido de su motor como si fuera un runrún lejano. Así que había que estar con el resto de los sentidos completamente alerta, sobre todo el de la vista y uno que mi madre me dejó grabado en el subconsciente con el nombre de "lárgate a la mínima", aunque éste, como ha quedado de manifiesto a lo largo del diario, nunca me ha funcionado bien. Pero gracias a él fui de un sitio a otro, descansando lo justo, hasta llegar a la casa de la señora Isa, aquella que el primer día de mi vida me intentó matar sacudiéndome con un "Hola" y que tenía una verruga en la espalda superblandita y achuchable.

—Pues yo no me quedo sin hacerle una visita a la señora Isa y a su verruguilla —me dije alegremente.

La cosa es que como veo que ya estoy más pallá que pacá, me entran ganas de irme despidiendo de mis seres queridos y no tan queridos. Total, que como la casa estaba cerrada a cal y canto, me quedé esperando en el alféizar de una ventana a que algo se abriera. Durante la espera, pasaron cerca de mí dos lagartijas que de haber querido me abrían engullido de un bocado. Menos mal que en los pueblos las lagartijas van siempre a toda pastilla por si los niños. Al fin salió la señora Isa. ¡Y cómo salió! Parecía un Miura. Tenía una mirada ferina como de querer comerse a alguien y no paraba de hablar entre dientes. Inmediatamente volé a su lado y me posé en el pendiente de su oreja derecha, que tenía una perla como un hueso de melocotón de grande. "O esta señora ha estado en el harén del Sha de Persia o esta perla es más falsa que el dinero del Monopoly", me dije yo. En todo caso, inmediatamente puse la antena para oír lo que decía. Y se la entendía bien.

—¡Vamos…, mi sobrino…, saliendo con la hija de la Fermina…! ¡Pelelón, pelelón, pelelón! —y se santiguaba cada vez que decía pelelón—. Esto ha sido cosa de su madre, que bien sabe que mi sobrino es mi único heredero… Ya la estoy viendo, ya… Tú arrímate a ese, que es el mejor partido del pueblo… Pues eso se lo cuento yo ahora mismo al señor cura para que haga algo… ¡Porque esto no puede ser! ¡Esto clama al Cielo!

Al decir que aquello clamaba al Cielo meneó de tal manera la cabeza que salí despedida. No obstante, la seguí a cierta distancia porque me picaba mucho la curiosidad por ver qué le decía el cura. Al encontrarse la iglesia cerrada, se fue derecha a la casa parroquial, que estaba justo al lado. Entramos las dos hechas unas furias (la señora Isa por razones obvias y yo porque me parecía que ya que la acompañaba qué menos que ponerme de su parte). Pero cuando vio al cura, al fondo del pasillo, apretó el paso de tal forma que no la puede seguir, de modo que entró en su despacho, cerró la puerta dando un portazo y a mí me dio con esa misma puerta en la trompetilla, torciéndomela aún más. Así pues, me tuve que quedar fuera sin poder escuchar lo que decían. Pero se oían de vez en cuando unos gritos… Al cabo de un rato o dos salió la señora Isa con una cara de humor de perros que daba miedo. Cerró dando otro portazo y empezó a caminar igual de rápido que cuando entró.

¡Vamos —gritaba indignada—, venirme con esas bobadas de que si se quieren qué se le va a hacer! ¡Pero qué se habrá creído este cura que es la vida! ¡Pues ahora mismo me voy a hablar con mi sobrino y a decirle que o deja a esa pelandrusca o le dejo toda la herencia a Radio María!

Menos mal que se detuvo un momento a la entrada de la casa parroquial y me pude posar en el monedero que llevaba en una mano, que si no la hubiera perdido de vista.

—En fin —dije yo en voz alta para intentar oírme—, pues vamos a casa del sobrino de la señora Isa, a ver cómo termina esto.

Así que salimos los dos a marcha legionaria rumbo a donde se ha dicho, sin que la señora Isa dejara de bramar cosas inteligibles e ininteligibles por el camino. Pero de pronto, al volver una esquina, vio caminando por la acera de enfrente a otra señora con la que se ve que tenía algún trato.

—Ay, madre, —dijo muy contrariada—, la Teresa. Ojalá que no me vea, y si me ve, que no me pare; que esta es de las que van al degüello.

Y oye, no había terminado de decir eso cuando la Teresa aquella se cruzó de acera y se fue derecha a darse de bruces con la señora Isa.

—Hola Isa, ¿qué tal? —le dijo con una cara alegre y ácida a partes iguales. Y luego añadió sin solución de continuidad—: que ya me he enterado de lo tu sobrino con la hija de la Fermina. Uf, cuánto lo siento por ti —pero se veía a una legua que se retorcía de gozo—, porque esa es lo peor de lo peor.

—¡Eso son bobadas! —gritó como una posesa la señora Isa—. ¡Mi sobrino qué va a estar saliendo con esa! Mi sobrino, mi sobrino...

Y no dijo más. De pronto se le puso la cara de color rojo botijo, le salió una especie de crujido de dentro de la boca y ¡zas!, se cayó redonda al suelo. Entonces la Teresa empezó a dar gritos pidiendo socorro, mientras yo me posaba en un canalón negro que había allí mismo para pasar lo más desapercibida posible. A los pocos segundos, llegaron un par de señoras que lo único que hicieron fue unir sus gritos de socorro a los de la Teresa. Afortunadamente, pasó poco después el mismo tractor de John Deere que mencioné antes con un remolque y el tractorista se paró a auxiliar a la señora Isa.

—A esta hay que llevarla al Centro de Salud ahora mismo —dijo el tractorista—, que le ha dado un pampurcio.

Y ni corto ni perezoso, cogió en volandas a la interfecta y la echó en el remolque, con bastante poco cuidado, a decir verdad. Eso sí, el remolque estaba lleno de paja, así que tampoco quedó la mujer mal acomodada. Yo, por mi parte, volé a posarme en un faro del tractor, dejándome llevar de un sitio a otro por los acontecimientos.

—Pues, hale, al Centro de Salud, a ver cómo termina esto —dije yo, mirando al patio de butacas.

Pero quién me iba a decir a mí que de camino al Centro de Salud iba a pasar el tractor justo por delante de la casa de mi familia. Pensé entonces fugazmente que, habida cuenta de mi edad y achaques, igual me daba a mí un pampurcio peor que el de la señora Isa y me quedaba en el sitio y sin ver más al señor Antonio, a su esposa y a sus queridísimos hijos. Así que, con mucho pesar de mi corazón, me apeé del tractor, dejando de lado y para siempre a aquella señora tan tremenda y me fui a lo que consideraba mi patria chica. Al estar cerradas la puerta y las ventanas que daban a la calle, volé por encima de la tapia del corral y saludé gozosa a las gallinas.

—¡Gallinitas, gallinitas de mi tierna infancia, hola, hola! —les grité, saludándolas con las patas—. ¡Y adiós, adiós!

Dicho lo cual me metí rápidamente en la casa por la ventana que da al corral. Volé entonces de acá para allá, no encontrando a nadie ni en el cuarto de estar ni en los baños ni en los dormitorios. "Me queda la cocina —pensé—. Tiene que haber alguien ahí". Y no me equivoqué. Estaba la señora Dolores con la puerta del frigorífico abierta, sacando un resto de trucha que había en un plato.

—Uy, trucha, qué rica —dije yo, cimbreando al trompetilla—. Vamos a darle a la trucha.

Y me fui derecha a posarme en la trucha y a chupar piel de trucha, toda ansiosa. Aunque estaba muy fría se dejaba succionar que daba gusto. Pero ocurrió entonces lo que tantas veces me ha ocurrido en esta vida, aunque ahora ya, con la edad, tiene más justificación. O sea, que me despisté y no me di cuenta de que la señora Dolores se había quedado como lela, con el plato de trucha en una mano y el tirador del frigorífico en la otra. Debí haberme olido algo malo y haciendo uso del sentido "lárgate a la mínima", echar a volar. Ocurrió sencillamente que la señora Dolores cambió de opinión y volvió a meter el plato de la trucha en el frigorífico conmigo dentro, claro está. Al principio no me di cuenta de qué había pasado, pensando que se había ido la luz. Luego, empecé a notar que hacía un frío del carajo, pasando sin solución de continuidad a atar cabos.

—Hace un momento en la cocina hacía un calor que te mueres y además la luz que había era solar —reflexioné en voz alta—. Luego estoy en el frigorífico. Soy tonta con diploma.

A los pocos segundos o minutos estaba tan tiesa de frío que me veía morir. Empecé pronto a frotarme el tórax y el abdomen con las patas pero de poco me servía. Intenté volar pero me estrellé contra algo inmediatamente, dándome cuenta enseguida de que aquello era imposible. Así que decidí echar a andar de acá para allá para ver si entraba en calor. De pronto alguien abrió la puerta del frigorífico pero en ese momento estaba en el fondo de una balda. Tuve entonces una visión espantosa porque resulta que tenía delante de mí los cadáveres de tres congéneres. "Esto es como encontrarse con la expedición de Scott en el Antártico", me dije. Y, plaf, instantes después la puerta se cerró. Al menos la luz me sirvió para orientarme un poco, decidiendo caminar en dirección a la puerta, a fin de que, si alguien la volvía a abrir, estuviera yo tan cerca que me diera tiempo a salir. Para que mi optimismo vital no decayera, al tiempo que caminaba subiendo y bajando por platos, boles, frutas y botellines, cantaba canciones de exploradores que mi madre me había dejado grabadas en el subconsciente:

—Soy la mosca exploradora, ora, ora, de jerseys y cazadoras, oras, oras... por paredes y por vigas, igas, igas, voy buscando mil boñigas, igas, igas...

Pero no tardó el frío en hacerme mella, así que preferí reservarme las pocas fuerzas que me iban quedando para tratar de vivir un poco más. Aunque llegó un momento en que, en medio de un desierto de film transparente, pensé que había llegado mi fin.

—Hale —balbucí, con la trompetilla tiesa—, aquí me quedo, como Otzi, el señor de los Alpes.

Sin embargo, en ese momento, la Shanon abrió el frigorífico y me sacó de allí. Bueno, sacó el plato de la lasagna tapado con film transparente donde yo estaba. Cuando me vio, me sopló, tirándome al suelo, y acto seguido retiró el film del plato y lo metió en el microondas. Yo, entre tanto, y como no me podía ni mover, me quedé allí, tirada en medio del suelo de la cocina, rogando para que nadie me pisara. Y así pasaron ni lo sé las horas, o los minutos, que vaya usted a saber.

Pero poco a poco me fui recuperando y cuando reuní fuerzas, eché a andar hasta una esquina de la cocina, a salvo de las pisadas. Allí me automasajeé como buenamente pude y una vez que me encontré mejor, volé hasta el fregadero, donde la Shanon había puesto el plato sucio con restos tomatosos de lasagna. ¡Qué ricura, por favor! Ya bien repuesta, puse rumbo a la luz que llegaba del cuarto de estar y allí me encontré al señor Antonio discutiendo con el Kevin y el resto de la familia. Esta vez no supe de qué discutían, pero la madre y la hermana no dejaban de decirle al señor Antonio que dejara al chico "achicar la districia", que a saber qué significaba eso, y si es que decían eso, porque con mi sordera, vaya usted a saber. Entonces el padre estalló en cólera, cómo no, y gritó:

—¡Que no me da la gana! ¡Que está castigado por haberse arrimado a los toros! ¡Que le dije que no se arrimara y casi le matan de una cornada! ¡Que me lo ha dicho el tío Quinito! ¡Y ahora dejarme ver la tele en paz, que van a echar la película de "La Mosca" y la quiero ver tranquilo, coño!

"Uy —me dije yo—, la película de "La Mosca". Esa es colosal. Mi madre me dejó grabado en el subconsciente que si tengo oportunidad de verla, que no me la pierda; sobre todo la primera, la de kurt Neumann, aunque la otra, la de Kronenberg, también está muy bien". El caso es que todos se quedaron callados después de los gritos del señor Antonio y luego se sentaron con él en el sofá a ver "La Mosca". Yo, al principio, me subí a verla a la lámpara del techo, pero en cuanto me entró el hambre, me bajé a posarme en el dedo gordo del pie derecho del señor Antonio, porque tenía los dos pies puestos sobre la mesa de centro, de modo que al tiempo que veía la película succionaba aquí y allá por los alrededores de la uña. Vamos, era lo más parecido a estar en el cine comiendo palomitas. La versión, por otra parte, era la antigua, la de Neumann. Y me pareció buenísima y aterradora, aunque como estoy medio sorda no me enterado ni de la mitad de las conversaciones. Pero pobre mosca, tener que compartir cuerpo con ese tipejo.

Acabada la película, la señora Dolores se fue a la cocina a hacerle una tortilla a su marido, y yo con ella, que la cocina es un buen sitio siempre para una mosca. Luego, cuando ya estaba batiendo el huevo, el señor Antonio le ha dicho que estaba hinchado de torreznillos y que se iba a la cama. Y aquí me he quedado yo, chupando cáscara de huevo a oscuras. Hay un olor en el ambiente que no me gusta nada. Pero bueno, a ver si duermo a pata suelta esta noche y recuperamos fuerzas; si es que me quedan fuerzas que recuperar, que lo dudo.

DÍA VEINTIUNAVO

Esta noche ha sido de traca. Un poco más y volamos todos por los aires, lo que, en mi caso, hubiera sido una redundancia. Lo que no sé yo es cómo tardé tanto tiempo en darme cuenta de que el olorcejo ese que no me gustaba un pelo era el gas de la bombona. El caso es que como estaba cansadísima caí redonda y de no ser porque ahora me despierto cada dos por tres para hacérmelo toda por la pata abajo, insisto, hubiéramos volado todos. Pero, tate ahí, resulta que siendo cosa de la una o las tres, me desperté y me dije "este olor no es normal". Es verdad que los gases del señor Antonio a veces son riquísimos en metano, pero esto era demasiado. Entonces empecé a darle vueltas al asunto hasta que de algún modo visualicé la escena de la cena. La señora Dolores batió el huevo para hacer la tortilla a su marido, luego abrió la llave de la bombona, giró el mando del fuego pequeño y justo cuando fue a encenderlo con el chisquero fue cuando le dijo el señor Antonio que estaba atiborrado de torreznillos y que no quería cenar. Entonces ella devolvió la sartén al armario, echó el huevo batido en un vaso, que luego metió en el frigorífico, apagó la luz y se marchó de la cocina, olvidándose de que había dejado abierto el gas.

—¡Dios mío —grité yo entonces horrorizada—, aquí hay media bombona al aire libre! ¿Qué puede hacer una insignificancia como yo en esta tesitura?

Pero había que hacer algo. Por lo pronto, y como la puerta de la cocina estaba entreabierta, pude salir al pasillo y dar una vuelta por la casa para hacerme cargo de la situación. De esta forma comprobé que los cuartos del Kevin y de la Shanon estaban con la puerta cerrada. No así el cuarto del matrimonio, donde pude entrar, darme un garbeo y salir de inmediato. Estaba oscurísimo. Entonces medité durante un rato, aunque con dificultad porque estaba un poco espesa, y empecé a descartar opciones. Despertar a la

Shanon era imposible porque tenía la habitación cerrada a cal y canto y no había manera de entrar. Despertar a la señora Dolores o al señor Antonio era una temeridad porque la señora Dolores, para no encender luces por la noche, usa un mechero. "Si se despierta ella y coge el mechero, vamos, salimos en el telediario con total seguridad", me dije despavorida. Así que no quedaba otra que despertar al Kevin. Lo malo es que tenía la puerta de su cuarto cerrada, así que había que confiar en que tuviera abierta la ventana y entrar por ella. Tenía, por tanto, que salir de la casa por algún sitio, pero no se me ocurría ninguno. Por fin, pasado otro rato de muchísimo canguelo, pues la posibilidad de que alguien se levantara y encendiera una luz que nos enviara al carajo estaba ahí, se me ocurrió que podía salir por entre las rendijas del respiradero de la cocina. Oye, lo conseguí haciendo unos esfuerzos ímprobos. Me hice unos raspones en las alas y en el abdomen que todavía me duelen. Incluso hubo un momento en que creí que me quedaba allí atascada para los restos. Pero lo logré. Acabé agotada, pero lo logré.

—Vamos —traté de darme ánimos—. Un esfuerzo más, que ya queda poco.

Descansé entonces otro rato, y cuando me sentí con fuerzas eché a volar rumbo a la ventana del Kevin. Tal y como preveía estaba abierta. Entré entonces y me puse a dar vueltas como una loca alrededor de su cabeza. Como había cuarto creciente, podía incluso verle la cara tan guapa que tiene el chaval. La cosa es que como no se despertaba, a pesar de que petardeaba cerquísima de él, me acabé posando encima de un ojo y desde allí fui caminando hasta la mismísima punta de la nariz. Dio entonces el primer manotazo, saltando yo de allí a la entrada del oído izquierdo, con el ala chunga en modo motor de explosión. El chico, entonces, se incorporó y, como había que evitar a toda costa que se volviese a tumbar, me la jugué volando delante de sus narices con todo el descaro y la parsimonia imaginables. El Kevin soltó un par de tacos e intentó fajarse con una servidora, soltando manotazos a diestro y siniestro. Yo, por mi parte, hacía un esfuerzo supremo por mantenerme cerca

145

de él con las pocas fuerzas que me iban quedando. De pronto cogió la almohada y me soltó un zurriagazo que me envió a la cuchimbaba, pero lejos de darme por vencida volví a la carga más feroz aún que antes, aunque haciendo los vuelos más altos, hasta que, agotadita del todo, me posé en una pared, muy cerca del techo, a descansar.

—¡Espérate ahí y no te muevas —me dijo el Kevin—, que voy a por el matamoscas!

Entonces salió del dormitorio, y yo detrás de él, yéndose derecho al armario escobero de la cocina, donde guardaban el matamoscas. Pero aún no había ni abierto la puerta del armario cuando se paró en seco y soltó otro taco tremebundo. Luego se santiguó, mencionó a un par de Vírgenes y gritó:

—¡Válgame, cómo apesta a gas!

Como el chaval tiene dos dedos de frente, se fue derecho a la bombona y la cerró. Luego abrió de par en par las ventanas de la cocina, del cuarto de estar y la puerta de la calle y se puso a hacer el ventilador con un trapo, yendo como un loco de acá para allá para que se fuera el gas. Parecía que bailaba aquello de "follow the leader", que mi madre me dejó grabado en el subconsciente no sé muy bien para qué. Total, que cuando el Kevin creyó que el peligro había pasado, porque ya olía poco o nada a gas, se fue corriendo a la habitación de sus padres para despertarles y contarles su proeza. Yo, a todo esto, me había pasado toda la escena de "follow the leader" posada en un gato chino de la suerte que tienen encima de la cómoda del cuarto de estar. Cuando entró el Kevin en el dormitorio, salí volando para allá, a pesar del cansancio, pues bien merecía la pena ver las caras del señor Antonio y de la señora Dolores in situ. El caso es que cuando entró en el cuarto y se puso a gritar "¡ay, papa, ay, mama, que casi volamos por los aires por culpa del gas!", lo primero que hizo la señora Dolores fue coger el mechero y encenderlo, para ver quién gritaba. Entonces la llama del mechero debió de pescar una corriente de gas y una lengua de fuego llegó hasta el techo. Fue de infarto.

—¡Ay, que es el juicio final! —gritó el señor Antonio, saltando como una liebre fuera de la cama.

Afortunadamente el susto quedó sólo en eso. Bueno, en eso y en el cerco negro que se quedó en el techo. Pero luego, cuando el Kevin les contó con más tranquilidad lo que había pasado, todo fueron felicitaciones y parabienes.

—Me desperté porque una mosca vino a darme la murga haciendo un ruido horrible —les dijo el Kevin, con gesto de no dar crédito.

—¡Fíjate tú! Tan poquita cosa como es una mosca y nos ha librado de una tragedia —dijo el señor Antonio.

Yo, entonces, me inflé como un pavo, toda orgullosa, aunque al Kevin le supo mal que su padre me colgara a mí la medalla y no a él.

—Hombre, papa, creo que el mérito es más mío que de la mosca.

Y como era obvio que tenía su parte de razón, el señor Antonio le premió dejándole "achicar la districia" cuando quisiera. Al poco rato, todos dormían de nuevo plácidamente y yo, con la sensación del deber cumplido, me dormí también, ahora directamente en la alfombra del cuarto de estar, junto a una de las patas de la mesa de centro. Y es que allí mismo me caí después de un bajón en toda regla.

Cuando me desperté, llegaba olor a repollo procedente de la cocina. Tenía hambre, así que intenté emprender el vuelo, pero no lo conseguí, por lo que me tuve que ir hasta allá a patita. Aunque busqué algo que llevarme al buche, nada encontré. Tocaba entonces escalar por el cubo de la basura en busca de los churretes de rigor. Tuve la suerte de toparme con el cubo abierto, así que me metí dentro y me pegué un festín de lo que me dio la gana. Pero la felicidad fue efímera. Algo de lo que me comí, o todo, me sentó fatal y acabé por echar la pota. Aunque me encontraba fatal, volé hasta la campana extractora y allí me quedé dormida mucho tiempo. Tanto que cuando me volví a despertar el reloj marcaba las cinco de la tarde y la cocina estaba limpia y desierta. Mi familia había comido y ni me había enterado.

—Las cinco —me dije—. Hace un par de horas he cumplido tres semanas. ¡Qué barbaridad! Ya soy más vieja que Matusalén.

Mi madre me dejó grabado en el subconsciente que una mosca vive tres semanas, día arriba día abajo. Eso si tienes la potra de que no te maten o te coman antes. Y aquí estoy yo, para dar fe de que lo que me dejó grabado sobre este particular va a misa. Porque ya casi ni oigo ni veo y el pensar en comer me da nauseas.

Viéndome allí sola, en la cocina, posada en un imán del frigorífico, tuve la sensación de haberlo hecho ya todo en esta vida y me entraron ganas como de evaporarme. Me entregué entonces a mis recuerdos de la infancia y juventud, y pensando en ellos me quedé otra vez dormida. Cuando desperté, el reloj marcaba las nueve de la noche y el silencio seguía siendo sepulcral. "Aquí, de todos modos, no me puedo quedar —pensé—. Tengo que salir a que me dé el aire". Haciendo un esfuerzo descomunal emprendí el vuelo y salí a la calle por la ventana del cuarto de baño. Aunque estoy medio sorda, casi en el acto empecé a oír un bullicio enorme que venía de la plaza del pueblo. Me acerqué para allá y me topé entonces con que había montada una fiesta descomunal. Una fiesta que aún continúa. Si no están allí congregados todos los vecinos, poco faltará. En medio de la algarabía me he dado una vueltecita para saludarlos por última vez. He saludado a Mariano y a su mujer; a sus hijos, incluida la niña del exorcista, deseándole una pronta mejoría moral; he saludado al lechero, animándole a que compre una cuarta vaca y que limpie las telarañas de la cuadra, por el bien de todas mis congéneres; al panadero, rogándole que ahuyente a las moscas antes de meter las bandejas en el horno; a la dependienta de la gasolinera, de quien me despedí sin acritud; al chico que me metió en el vaso (aunque a este le deseé que si sube a una atracción de feria, se estropee el freno y esté dando vueltas un par de horas); a Luis "el pianista" y a su madre; a la señora Isa, intentando en vano que alegrase la cara; al tío Quinito, a quien deseé buenos melones y sandías para el resto de su vida; y, por supuesto, a todos los miembros de mi querida familia, que tan bien me ha acogido durante estas tres semanas de vida.

Ahora estoy posada en una piedra del campanario de la iglesia, al lado de las campanas. Apenas se oye desde aquí el bullicio de la fiesta y tampoco desde aquí puedo ver a nadie. Aunque con lo cegata que estoy, tampoco podría aunque estuviera más cerca. Pero sé que están ahí abajo, disfrutando de la vida, que es una cosa maravillosa que merece la pena disfrutarse, haciendo las cosas bien. "Tres semanas se pasan volando, hija —me dejó mi madre grabado en el subconsciente—, pero ochenta años también, y hay humanos que parece que no se enteran, tirándolos como tontos al cubo de la basura sin hacer nada de provecho".

Bueno, yo concluyo aquí mi diario, que voy a dejar en un hueco que he encontrado justo debajo de donde estoy, entre dos piedras. Quizás alguna mosca lo encuentre y le pueda sacar algún provecho o, al menos, pasar un buen rato leyéndolo. El cielo, ahora, está atiborrado de pájaros buscando el último piscolabis del día. Pero a mí lo que me apetece en este momento es volar. Y eso voy a hacer. Volar.

FIN

Printed in Dunstable, United Kingdom